Coaching – erfrischend einfach

Daniel Meier
und
Peter Szabó

Coaching – erfrischend einfach

Einführung ins lösungsorientierte Kurzzeitcoaching

solutionsurfers®

Bibliografische Information der Deutschen Nationalbibliothek
Die Deutsche Nationalbibliothek verzeichnet diese Publikation in der Deutschen Nationalbibliografie; detaillierte bibliografische Daten sind im Internet über http: // dnb.d-nb.de abrufbar.

Waldstätterstrasse 9
CH-6003 Luzern
www.weiterbildungsforum.ch

Satz, Umschlagdesign, Herstellung und Verlag:
Books on Demand GmbH, Norderstedt
Handgrafiken: Atelier Küttel, Bünzen

ISBN: 978-3-8334-8672-2

Inhaltsverzeichnis

Einleitung

Unsere kühnste Hoffnung ist es, dass Sie schon beim Lesen dieser kurzen Einführung zum lösungsorientierten Kurzzeitcoaching-Modell Neugierde und Freude entwickeln, mit den hier vorgestellten Coaching-Elementen zu experimentieren. Vielleicht sind es nur einige Fragen, die Sie zur Bereicherung und positiven Veränderung Ihres Beratungsalltags nutzen können. Vielleicht gefallen Ihnen einige Ideen und Sie entdecken, wie Sie mit diesen mehr Gelassenheit und Effektivität in Ihre Arbeit zu bringen vermögen. Möglicherweise geht es Ihnen aber auch wie uns und Sie lassen sich von der Einfachheit und Klarheit der lösungsorientierten Vorgehensweise begeistern und freuen sich, wenn Sie imstande sein werden, mit wenigen, aber äusserst zielgerichteten Interventionen nützliche Veränderungen in der Welt Ihrer Kundinnen und Kunden zu begünstigen.

Entwickelt wurde die lösungsorientierte Vorgehensweise in den frühen Siebzigerjahren in Milwaukee (USA) in einer Forschergruppe um Insoo Kim Berg und Steve de Shazer. Sie versuchten herauszufinden, welche Fragen und Interventionen zwischen Klienten und Beratern nützlich sind, damit die Klienten erfolgreich beginnen, das zu tun, was sie erreichen wollen. Durch die Konzentration auf das (Er-)Finden von Lösungen konnten sie die durchschnittliche Konsultationszeit um ca. 70 % senken – und dies bei gleicher Erfolgsquote wie mit eher herkömmlichen Therapieformen. Dabei folgten sie nicht einem Theoriemodell, sondern sie beforschten ihre eigenen Gespräche aus einem sehr fokussierten Blickwinkel: Welche Fragen und Interventionen zeigten nützliche Ergebnisse im Leben der Kunden? Das lösungsorientierte Arbeitsmodell wurde also aus der Forschung heraus entwickelt, im Zusammenhang mit der Frage nach der Wirksamkeit von Beratung.

1997 wurde das Weiterbildungsforum Basel als erstes Ausbildungsinstitut für konsequent lösungsorientiertes Coaching gegründet. Ziel war es, die Werkzeuge und Vorgehensweisen aus dem Therapieumfeld zu lösen und für Coaches und Berater im Wirtschafts- und Organisationskontext zugänglich zu machen.

↳ Solutionsurfers

Nach zehn Jahren Praxiserfahrung fanden wir es an der Zeit, dieses kleine Büchlein zu verfassen. Es soll eine fundierte Einführung in die Arbeitsweise eines Kurzzeitcoaches geben; ferner erklärt es die wichtigsten Werkzeuge und bringt Ihnen die zentralen Gedankenkonstruktionen für eine wirkungsvolle Coaching-Praxis näher.
Viel Spass mit unserem momentanen Stand der Entdeckungen!

Solutionsurfers, Luzern im April 2008
Daniel Meier, Peter Szabó

1. Was ist Coaching?

Oft werden wir gefragt: »Ja, was ist denn Coaching genau? Wie geht das? Was tut ein Coach den ganzen Tag? Wo setzt man Coaching richtig ein?« Und manchmal ist im Gesicht des Fragestellers ein leicht süffisantes Lächeln wahrzunehmen. In der Tat wird der Begriff Coaching heute für die verschiedensten Dienstleistungen verwendet, von der ernsthaften Managementunterstützung bis hin zu eher undurchsichtigen Angeboten. Es scheint, als ob der Begriff Coaching in den letzten Jahren geradezu eine magische Anziehungskraft entwickelt hat. Die Dame im Fitnesscenter stellt sich uns als »Wellnesscoach« vor, und auf der Visitenkarte des Treuhänders steht »Financial Coach«. Gerade in diesem Zusammenhang scheint es uns wichtig, auf den folgenden Seiten knapp und griffig die wichtigsten Grundlagen lösungsorientierten Kurzzeitcoachings zu klären.

Der Coach als Rahmengeber

In einer kleinen Schweizer Stadt, die wir gut kennen, gibt es noch einen echten Rahmenmacher. Steht man vor seinem Geschäft, sieht man ihn durch das mit verschiedensten Bilderrahmen dekorierte Schaufenster Hölzer schneiden, färben, schnitzen und zu Rahmen zusammenfügen. An ihn müssen wir oft denken, wenn uns die Frage gestellt wird, was denn Coaching sei. Das Handwerk der Rahmenmacher – so haben wir von ihm erfahren – ist vom Aussterben bedroht, da die meisten Bilderrahmen heute industriell hergestellt werden. Doch der Wert eines Rahmens für das Bild sei nach wie vor unbestritten. In seiner Auslage stehen ganz einfache, schnörkellose Bilderrahmen, solche, die teilweise oder ganz vergoldet sind, Rahmen mit kunstvollen Schnitzereien, farbige, schwarze, metallene und hölzerne Rahmen. Eine grosse Auswahl. Die unzähligen Rahmen stehen oder hängen da, und es scheint, als würde jeder auf sein spezifisches Bild warten. Denn oft kommen die Farben und Perspektiven, die Leuchtkraft und die Aussage eines künstlerischen Werks erst durch den entsprechenden Rahmen wirklich zur Geltung. Rembrandt soll einmal gesagt haben, es sei für ihn zeitlebens schwerer gewesen, den passenden Rahmen zu finden, als ein Bild zu malen. Ein Bild so zu rahmen, dass es seine Ausdruckskraft vollkommen entfaltet, ist eine Kunst, die nur wenige beherrschen.

Das (Kunst-)Handwerk des Rahmenmachens und Coaching haben für uns viel gemeinsam. In einem Coaching-Gespräch schafft der Coach einen (Denk-)Rahmen für den Kunden, in dem er dessen Ziele, Lösungen und ersten Schritte zum Leuchten bringt. Dieser Rahmen, den der Coach konstruiert, besteht aus zielgerichteten Fragen, aus bestärkenden Rückmeldungen, aus präsentem Zuhören und nützlichen Zusammenfassungen. Dadurch erhält der Kunde Zeit und Raum, um Gedanken zu ordnen, Ziele zu konkretisieren, sich seiner Ressourcen bewusst zu werden und nächste Schritte zu planen. Die wichtigste Aufgabe für den Coach besteht darin, zu sichern, dass der Kunde den für ihn passenden Rahmen bekommt. Doch wie der Rahmenmacher wird auch der Coach nie beginnen, das Bild aktiv mitzugestalten.

Coaching in Action
Ein Schmetterling muss nicht kämpfen – Notfallcoaching am Abend

Auf der Combox meines Handys fand ich die Nachricht von Beatrice M.[1] *Ich hatte Beatrice vor einigen Monaten in einem meiner Teamworkshops kennengelernt. Beatrice arbeitete als Vorgesetzte einer Serviceabteilung in einer Grossbank. Auf meiner Combox klang ihre Stimme ziemlich verzweifelt: Ich solle heute Abend unbedingt zurückrufen – egal wann –, sie warte auf meinen Anruf, sie brauche ein Notfallcoaching. Sie müsse ihre Stelle retten.*

Gegen 21 Uhr, nach Seminarende, rief ich sie an. Sie sagte, dass sie im Moment nicht mehr weiterwisse. Sie habe heute Nachmittag von der Sekretärin ihrer neuen Chefin per E-Mail eine PowerPoint-Präsentation zugestellt bekommen, auf der die neue Struktur der Unternehmenseinheit dargestellt sei. In dieser Struktur seien sie und ihre Abteilung nicht mehr zu finden. Einfach weg! Beatrice habe sich darauf erst in ihr Büro verkrochen und dann zweimal versucht, ihre Chefin telefonisch zu erreichen, jedoch ohne Erfolg. Ich bemerkte, wie nah sie den Tränen war, als sie berichtete, wie gemein und verletzend sie dies alles finde und wie sie mit dieser Art der Unternehmenskultur grosse Mühe habe. Sie erzählte von ihrem früheren Chef, bei dem ihre Arbeit mit viel Wertschätzung und Freiraum belohnt worden war. Doch jetzt …

Ich fragte Beatrice, wie ich sie jetzt, in diesem Moment, unterstützen könne. Beatrice hoffte, mit mir zusammen ihre nächsten Schritte zu planen. Wie sollte sie mit der Situation umgehen? Im Moment, so meinte sie, wisse sie weder ein noch aus.

---

1 Alle Coaching-Beispiele stammen aus unserer Praxis. Aus Gründen der Vertraulichkeit wurden Namen und Organisationen geändert.

Beatrice: »Und ich muss morgen wissen, besser noch heute Abend, was ich tun werde. Es muss schnell gehen, sonst bin ich wirklich ganz weg vom Fenster! Ich lass mich da nicht einfach rausekeln.«

Coach: »Wenn ich dich so höre, frage ich mich, ob du schon ähnlich schwierige Situationen erlebt hast, die du erfolgreich meistern konntest?«

Auf diese Frage kamen Beatrice zwei Situationen in den Sinn, in denen sie wie ein Löwe für ihre Abteilung und ihre Projekte gekämpft hatte – mit Erfolg. Doch erwähnte sie immer wieder, dass sie damals mit Leidenschaft gekämpft habe – und heute nur noch Wut empfinde. Jetzt sei sie jedoch zu müde, um aus dieser Wut heraus zu agieren.

Coach: »Aufgrund dessen, was du jetzt entdeckt und gesagt hast, was möchtest du anstelle dieser Wut?«

Es blieb einen Moment ruhig am anderen Ende der Telefonleitung.

Beatrice: »Ich möchte in Ruhe und mit Leichtigkeit meine Arbeit tun können, dafür Wertschätzung erhalten und auch weitergeben können. Leicht und ruhig – arbeiten wie ein Schmetterling!«

Coach: »Wenn ich dich das sagen höre – was ist genau dein Ziel? Wie sieht die Blume aus, auf der der Schmetterling landen möchte?«

Nochmals eine Ruhepause.

Beatrice: »Ein Schmetterling muss nicht kämpfen, um seine Arbeit zu tun! Mir ist jetzt klar geworden, dass ich für mich nicht mehr kämpfen mag. Ich bin müde und möchte nicht dauernd beweisen müssen, dass ich etwas kann. Ich werde morgen im Gespräch mit meiner Chefin versuchen, meine acht Mitarbeitenden gut in der neuen Organisation unterzubringen – aber … aber ich, ich will dort eigentlich nicht mehr arbeiten. Am liebsten würde ich mir den Luxus gönnen, zwei, drei Monate eine Auszeit zu nehmen, um herauszufinden, welcher neue Job für mich passt.«

Coaching heisst, einen Denkrahmen zu gestalten, in dem es Kunden möglich wird, neue Lösungen zu finden.

Als sich Beatrice ihr neues Ziel bewusst gemacht hatte, stand für sie auch fest, welches ihre nächsten Schritte waren. Durch die Zeit und den durchs Coaching erzeugten Denkrahmen konnte sie ihre zu Beginn noch wirren Gedanken ordnen, sich auf ihre wirklichen Anliegen zurückbesinnen und daraus klare Ziele ableiten. Beatrice nutzte die Zeit und traf wegweisende Entscheidungen für sich.

In den letzten Minuten des Coaching-Gesprächs betrachteten wir den Entschluss zu kündigen von verschiedenen Seiten, was sie in der Zuversicht stärkte, diesen Schritt zu wagen! Verzweiflung wandelte sich von vorsichtiger Hoffnung in Zuversicht auf die Zukunft.

Knapp drei Wochen nach unserem Gespräch schrieb Beatrice eine kurze E-Mail, in der sie glücklich berichtete, dass sie sieben ihrer acht Mitarbeitenden hatte unterbringen können, die achte Person würde sich intern bewerben. Die Chefin hatte Beatrice zwar für ein strategisches Projekt behalten und ihr Leitungsaufgaben übertragen wollen, doch Beatrice blieb bei ihrer Kündigung. Sie schrieb mir: »Ich freu mich jetzt auf die ›Schmetterlingszeit‹.«

Die Wirkung von Coaching

Das Beispiel von Beatrice hilft uns, dem Begriff Coaching näherzukommen.

Wir denken, dass sich Coaching hauptsächlich über die Wirkung, die es erzeugt, definieren lässt. Ein Coaching-Kunde bezahlt nur deshalb, weil das Gespräch für ihn eine nützliche Wirkung erzeugt hat. Tim Gallway[2], einer der ersten grossen amerikanischen Coaches, hat die Wirkung von Coaching in drei Bereiche gegliedert:

Aufmerksamkeit erweitern

Aufmerksamkeit ist ein bisschen wie der Lichtstrahl einer Taschenlampe: Worauf wir den Lichtstrahl richten, das können wir im Dunkeln erkennen. Oft kommen Coaching-Kunden mit einer Taschenlampe zu uns, die den Lichtstrahl auf die Probleme richtet – und der Rest liegt im Dunkeln. So ähnlich ging es Beatrice. Verzweifelt sah sie nur noch die Ungeheuerlichkeit ihrer Vorgesetzten, die sie und ihre Abteilung, ohne Rücksprache oder Vorbereitung, einfach ausradiert hatte. Und sie stellte nichts als Enttäuschung und Wut darüber fest.

Durch die Fragen des Coaches gelang es ihr, den Lichtstrahl zu erweitern. Sie entdeckte beispielsweise, was sie früher in ähnlichen Situationen Nützliches getan hatte. Auch wurde durch das Beleuchten ihrer Ziele klar, wie sie diese Situation für sich nutzen konnte.

---

2 W. Timothy Gallway ist einer der frühen Coaches aus Amerika, der die Kraft der Aufmerksamkeitsfokussierung entdeckt und konsequent genutzt hat – vor allem auch im Sport: The Inner Game of Golf – Die Idee von Selbstcoaching; allesimfluss-Verlag, November 2007

Die Wirkungsbereiche von Coaching

Gelingt es, den Lichtstrahl der Taschenlampe zu erweitern und neue, für den Coachee nützliche Bereiche zu beleuchten und dabei Facetten und Details, die vorher im Dunkeln lagen, zu erkennen, dann erweitert sich fast von alleine der Aufmerksamkeitsfokus des Coachees. Der Wahrnehmungshorizont verbreitert sich und neue Möglichkeiten für Situationsbeschreibungen entstehen. Der Coachee geht mit einem anderen Bewusstsein oder einer anderen Aufmerksamkeitsfokussierung aus dem Gespräch heraus, und das unterstützt ihn bei der Lösung seines Problems.

Wahlmöglichkeiten erhöhen

Beatrice war zu Beginn so in ihrem Problem befangen, dass sie gar keine Möglichkeit sah, etwas Nützliches zu unternehmen. Konkrete nächste Schritte für den Umgang mit ihrer Situation waren für sie kaum denkbar. Manchmal ist es jedoch auch so, dass der Coachee mit der Frage zum Coach kommt, ob er nun eher A oder doch lieber B tun solle – und er sieht keine Alternativen zu A oder B, doch weder A noch B sind wirklich befriedigend.

Durch ein Coaching-Gespräch können für den Coachee neue Handlungsmöglichkeiten entstehen, und er entdeckt, dass er selber Ideen entwerfen kann. Dies hat oft zur Folge, dass er bemerkt, dass er seine Zukunft aktiv gestalten kann und nicht einfach Opfer der gegebenen Umstände ist. Er wird sich seiner Wahlmöglichkeiten bewusst.

Vertrauen stärken

Eine ganz zentrale Wirkung von Coaching besteht darin, dass Kunden Vertrauen in sich und ihre eigenen Fähigkeiten gewinnen, eine schwierige Situation zu meistern. Nur wer sich selbst vertraut, wird kleine Veränderungsschritte in Angriff nehmen – wird sich trauen, etwas anderes zu tun als bisher. Im Coaching-Gespräch schaffen wir einen Rahmen, in dem sich der Kunde seiner Kompetenzen und Ressourcen bewusst wird und Zugang zu ihnen findet. (Selbst-)Vertrauen ist der Schlüssel für die Nutzung der eigenen Ressourcen. Im oben genannten Beispiel wurde Beatrice im Laufe des Gesprächs bewusst, mit welchen Kompetenzen sie bereits früher ähnlich schwierige Situationen gemeistert hatte. Davor schien sie zu glauben, den Zugang zu ihren Fähigkeiten und Ressourcen verloren zu haben. Im Gespräch mit dem Coach entdeckte sie wieder ihr Potenzial. Den Zugang zu den eigenen Fähigkeiten wiederzuentdecken, stärkt das Vertrauen und die Sicherheit, konkrete Schritte in Richtung Ziel zu gehen.

Die nachhaltigsten Lösungen sind nicht jene, die wir auf den jeweiligen Kunden zugeschnitten haben, sondern jene, die die Kunden selber entwickelt haben.

Massgeschneiderte Lösungen entwickeln

Wir verstehen den Coach als Unterstützer bei der eigenverantwortlichen Erarbeitung von Lösungen von Problemen durch den Coachee. Der Coach schafft einen Rahmen, in dem der Coachee sein Ziel formuliert und die Lösung dazu selbst erarbeitet. Dadurch erreicht Coaching maximale Umsetzungserfolge. In diesem Sinne stellt Coaching immer Hilfe zur Selbsthilfe dar, wobei sich ein erfolgreicher Coach zunehmend selbst überflüssig macht. Erfolg ist dann, wenn der Kunde im Alltag seinen Zielen näher kommt und der Coach nicht mehr gebraucht wird.

Das englische Lexikon »Webster's Dictionary« definiert Coaching folgendermassen:

»Eine wichtige Person von da, wo sie sich befindet, dorthin zu bringen, wo diese Person hin möchte.«

Dies ist eine uns lieb gewordene Definition, da sie ein Element elegant umschreibt, das wir als zentrales Merkmal von Coaching-Gesprächen anschauen.

In der Definition heisst es: »... wo diese Person hin möchte.« Nicht der Coach bestimmt, wo die Reise hingehen soll, sondern der Kunde. So ist es eine der wichtigsten Aufgaben des Coaches, genügend Zeit darauf zu verwenden, dass der Kunde sein Ziel sowie die Auswirkungen der Zielerreichung klären kann. Dadurch dass sowohl Ziel, Lösungen und Weg vom Kunden exploriert und gefunden werden, haben wir im Coaching die Sicherheit, individuelle, massgeschneiderte Lösungen zu erarbeiten, die auch umgesetzt werden können. Im oben dargestellten Beispiel passierte der wirklich hilfreiche Dreh für Beatrice, als sie formulieren konnte, was sie denn wirklich wollte: »In Leichtigkeit und Ruhe arbeiten.« Von diesem Moment an waren die nächsten Schritte klar zu sehen und einfach zu definieren.

So hat Coaching vielleicht auch heute noch mit der ganz ursprünglichen Bedeutung des Wortes »Coach« zu tun: Coaches sind eine Art Kutscher oder Taxifahrer, die ihre Kunden dabei unterstützen, von ihrem Ausgangspunkt auf sichere Art zu ihrem gewählten Ziel zu gelangen.

EXPERIMENT

Wir möchten Sie jeweils am Ende jedes Kapitels ermuntern, das von uns Geschriebene in Ihrer Praxis zu verifizieren und Ihre eigenen Erfahrungen mit diesen Ideen des Kurzzeitcoachings zu machen. Darum haben wir verschiedene kleine Experimente entwickelt, die Sie ausprobieren können.

Wir verstehen Coaching als sehr individuelles (Kunst-)Handwerk – und vielleicht helfen die Experimente, Sie bei der Festigung Ihres individuellen Coaching-Stils zu unterstützen.

EXPERIMENT zur Wirkung von Coaching

Wie Coaching in den drei Bereichen Aufmerksamkeit, Wahlmöglichkeit und Vertrauen wirkt, können Sie so herausfinden:

Stellen Sie Ihren nächsten fünf Coaching-Kunden jeweils am Schluss des Gesprächs die folgenden drei Fragen:

- Was ist für Sie (dem Kunden) jetzt, nach diesem Gespräch, anders als vor dem Gespräch?
- Welche Auswirkungen hatte das Gespräch sonst noch?
- Was, denken Sie, hat diese Veränderungen, die Sie feststellen, ermöglicht?

Legen Sie sich zu den Antworten Ihrer Kunden Notizen an.

2. Coaching – einfach, kurz und gut

Wenn lösungsorientiertes Kurzzeitcoaching dem eigenen Namen gerecht werden will, soll es natürlich in kurzer Zeit zum Abschluss gebracht werden. Doch was genau hilft, eine Coaching-Beziehung kurz zu halten? Was können wir als Coach tun, damit der Coachee schnell zu nachhaltigen Lösungen kommt?

Einerseits treffen wir einige nützliche Annahmen, die uns dabei helfen sollen. Besagte Annahmen oder Arbeitshypothesen möchten wir nachfolgend erläutern.

Andererseits gibt es ein praxiserprobtes Instrumentarium an Coaching-Werkzeugen sowie einen strukturierten Gesprächsablauf, die den Coach in seinem Vorgehen sehr gut unterstützen. Diese Instrumente zeigen wir in den nächsten Kapiteln auf.

Arbeitshypothesen im Kurzzeitcoaching

Annahmen, die wir treffen, beeinflussen unser Handeln. Bevor wir uns dem konkreten Vorgehen bei einem Coaching-Gespräch widmen, wollen wir an dieser Stelle vier hilfreiche, für das Kurzzeitcoaching ganz zentrale Annahmen etwas näher erläutern.

Annahme 1: Statt Probleme zu lösen, (er-)finden wir Lösungen

Dies scheint auf den ersten Blick kaum einen Unterschied zu machen – in der Coaching-Praxis ist es der Unterschied, der einen Unterschied macht.

In den meisten Fällen kommen Kunden zum Coach, die mit einer Problemstellung konfrontiert sind, bei der sie allein nicht weiterkommen.

Gemeinhin gehen wir davon aus, dass wir Problemstellungen nur genau analysieren müssen, um die passenden Lösungen zu finden. Wenn also beispielsweise ein Abteilungsleiter über Stress im Büro klagt und dem Coach von schlaflosen Nächten und häufiger Energielosigkeit berichtet, wird häufig nach dem »Warum« gefragt. Wir versuchen zu ergründen, woher diese Attacken kommen, in der Hoffnung, durch die Erklärung des Problems eine mögliche Lösung zu finden. Im traditionellen Problemlösungsansatz wird meist ein direkter Zusammenhang zwischen Problemursache und -lösung hergestellt.

Im Kurzzeitcoaching haben wir die Erfahrung gemacht, dass wir Kunden durch eine andere Vorgehensweise mit grösserer Leichtigkeit zu nachhaltigen

Ergebnissen verhelfen können. Durch gezielte Fragen und Interventionen unterstützen wir die Kunden dabei, möglichst viel über den gewünschten Lösungszustand zu artikulieren. Wir wenden die meiste Zeit eines Coaching-Gesprächs dafür auf, mehr über die Ziele, mögliche Lösungen, frühere Erfolge und konkrete Schritte in Erfahrung zu bringen – und vernachlässigen dabei die Problemanalyse vollständig. Zumeist lassen wir sie sogar ganz weg.

Im Kurzzeitcoaching gehen wir davon aus, dass die Lösung im Grunde nichts mit dem Problem zu tun hat. Salopp ausgedrückt: »Der Lösung ist es egal, warum ein Problem entstanden ist.«

Wir nehmen an, dass die Wirklichkeit das Ergebnis unserer eigenen Konstruktion ist. Die Welt da draussen gibt es nicht – sie wird von jedem Menschen individuell, auf der Basis seiner Wünsche, Erfahrungen und seines Wissens, geschaffen. Deshalb lohnt es sich, im Coaching viel Zeit darauf zu verwenden, mit dem Kunden ein möglichst genaues und erwünschtes Bild seiner »Lösungszukunft« zu erarbeiten. Denn die Ansicht über die Welt, über Ereignisse und Geschehnisse werden nicht nur individuell getroffen, sondern entstehen oft im Dialog. Wenn Menschen zusammensitzen und sich Geschichten erzählen, wenn im Team Vor- und Nachteile eines Produktes analysiert werden – dann entsteht durch Worte eine gemeinsame Sicht auf die Welt. Genau das passiert auch in einem Coaching-Gespräch.

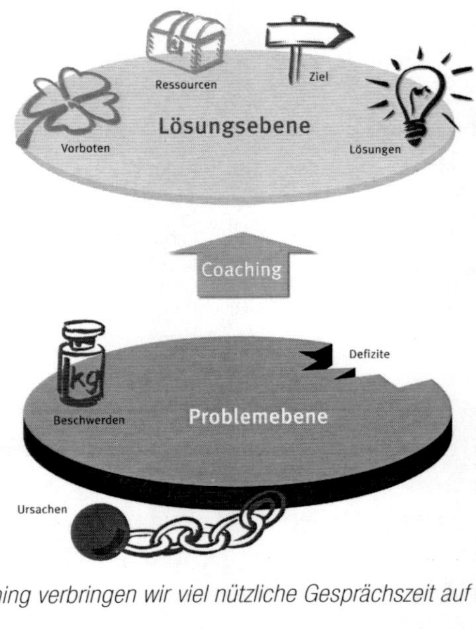

Im Kurzzeitcoaching verbringen wir viel nützliche Gesprächszeit auf der Lösungsebene

Die Entscheidung liegt jeweils beim Coach: Entweder Sie möchten mit Ihren Fragen den Kunden dazu bringen, sein »Problembewusstsein« zu vertiefen. In diesem Fall werden Sie eher Fragen nach dem »Warum« stellen. Neue Facetten des Problems werden so gemeinsam entdeckt, und man merkt: Uff, das ist wirklich schwierig. Oder Sie zielen darauf ab, das »Lösungsbewusstsein« zu stärken. Dann werden Sie Fragen nach dem Ziel, nach vorhandenen Ressourcen, nach ersten kleinen Erfolgserlebnissen stellen.

Wir erleben oft, dass Fragen, die das »Lösungsbewusstsein« stärken, sehr klärend wirken und ganz neue Energien beim Coachee wachrufen.

Diese erste Annahme oder Arbeitshypothese – der Coach weckt mit seinen Fragen das Lösungsbewusstsein des Kunden – mag vielleicht noch etwas abstrakt sein. Wir setzen deshalb ein kleines Beispiel dazu, das uns von Paul Z. Jackson, einem unserer englischen Coaching-Kollegen, erzählt wurde.

Coaching in Action
Panikattacken im Büro

Im Rahmen eines Beratungsmandates trat eine Sekretärin an Paul heran und bat um ein Coaching-Gespräch. Sie erzählte ihm, dass sie im Büro unter Panikattacken leide, und berichtete von Schweissausbrüchen und zeitweiliger Atemnot.

Klassischerweise würde der Coach hier versuchen, nach dem »Warum« zu fragen und zu ergründen, woher diese Attacken kommen, in der Hoffnung, durch die Erklärung des Problems eine mögliche Lösung zu finden. Er ginge von der Annahme oder Arbeitshypothese aus, dass zwischen der Ursache des Problems und der Lösung ein Zusammenhang besteht. In der einschlägigen Coaching-Literatur finden sich dazu Fragen wie diese:

- *Wie genau äussert sich das Problem in Ihrem Alltag?*
- *Was denken Sie, woher das kommen könnte?*
- *Stellen Sie sich vor, Sie sind gerade in der problematischen Situation – was genau können Sie wahrnehmen?*
- *Denken Sie, diese Attacken könnten von einem tief verankerten Muster kommen: Ich muss perfekt sein?*

Aus dieser Analyse resultiert üblicherweise ein Plan mit verschiedenen Aktionen und Aufgaben. Im oben genannten Beispiel der Panikattacken würde der Coach im Gespräch versuchen herauszufinden, welche Auslöser es für diese Attacken gibt. Unter Umständen käme er zu dem Schluss, dass es der Sekretärin an Wissen und Kompetenz mangelt, um ihre anspruchsvollen Aufgaben zu meistern. In diesem Fall würde er ihr empfehlen, sich dieses Wissen in Kursen anzueignen. Oder es würde sich herausstellen, dass der Chef ein ganz unangenehmer und launischer Typ ist. Demnach sollte die Sekretärin, wenn der Grund für die Attacken hierin liegt, erst mit dem Chef ins Reine kommen. Oder es würde deutlich, dass die Ursache für das Problem Angst ist. Dann könnten Coach sowie Coachee damit beginnen, an dieser Angst zu arbeiten. Vielleicht würde der Coach aber auch sagen: »Oh, ich glaube, das ist ein Fall für eine längere Therapie. Als Coach kann ich da wohl nichts tun!«

Paul Z. Jackson ging aber auf die Bitte der Sekretärin ein und im Coaching-Gespräch stellte er sehr früh zwei zentrale Fragen:

- »Wenn Ihr Problem gelöst wäre, was genau wäre dann anders?«
- »Wann treten diese Attacken nicht auf?«

Ausgehend von der ersten Frage konnte die Sekretärin eine zukünftige Situation erfinden, in der sie gerne arbeiten würde. Sie bekam die Gelegenheit, die Zeit und das Interesse des Coaches, ihren optimalen Zielzustand zu erläutern. Über die zweite Frage stellte sie – und auch Paul – etwas verblüfft fest, dass genau dieser Zielzustand immer bereits dienstags eintraf. An diesem Tag pflegte Jane (so hiess die Sekretärin) mit einer guten Kollegin zum Mittagessen zu gehen. Offenbar half ihr dieser Umstand – in welcher Form wissen wir nicht genau –, ihren gewünschten Zielzustand zu erreichen. Naheliegend, dass sie sich danach mehr Mittagessen mit Kolleginnen organisierte – was tatsächlich auch die gewünschte Wirkung mit sich brachte.

In diesen Zusammenhang passt sehr gut ein Zitat von Albert Einstein. Er soll gesagt haben: »Kein Problem kann durch dasselbe Bewusstsein gelöst werden, welches das Problem geschaffen hat.«

Im Kurzzeitcoaching – und dies ist einer der zentralen Unterschiede zu anderen Coaching-Modellen – arbeiten wir vor allem daran, »Lösungsbewusstsein« zu schaffen. Wir leiten mit unseren Fragen dazu an, von der Ebene der »Problemsicht« auf die Ebene der »Lösungssicht« zu wechseln. Paul Z. Jackson hat dies mit seiner Zielfrage – eine einzige Frage hatte gereicht! – sehr schön demonstriert.

Und: Im Kurzzeitcoaching brauchen wir kaum etwas über die ursprüngliche Problemsituation zu wissen. Wir können mit einfachen Zielfragen »Wirklichkeiten« schaffen, die nicht nur erträglicher sind, sondern auch ganz neue Handlungsalternativen eröffnen.

Annahme 2: Kunden haben bereits Erfahrung mit der Lösung

Wie das Beispiel von Jane zeigt, war es für sie äusserst hilfreich, herauszufinden, was bereits funktioniert hatte. Dies stellt eine weitere Annahme dar, von der wir im Kurzzeitcoaching ausgehen: Kein Problem besteht dauernd und fortwährend in der gleichen Intensität. Es gibt Zwischenzeiten, da tritt das Problem nicht oder sehr abgeschwächt auf. Als Coach vertrauen wir darauf, dass der Coachee bereits kleine Erfahrungen mit der Lösung gemacht hat, dass er schon kurze oder längere Phasen erlebt hat, in denen die Schwierigkeit weniger heftig oder gar nicht aufgetreten ist. Als Coach interessiert es uns natürlich, herauszufinden, wie es der Coachee schafft, diese »problemlosen Zeiten« herzustellen. Worin liegt sein Beitrag? Welche Ressourcen helfen ihm, diese kleinen Sternstunden zu erleben? Diese Erkenntnisse können in einem Coaching-Gespräch wichtige Wegweiser für die Lösungserarbeitung sein. Steve de Shazer sagte: »Tue mehr von dem, was funktioniert!« Als Coach soll uns dies Hinweis sein, mit dem Coachee einen sorgfältigen Forschungsspaziergang in seine Vergangenheit zu machen und dabei nach kleinen und grossen Vorboten der gewünschten Lösung Ausschau zu halten.

Kein Problem besteht dauernd – oder andauernd in der gleichen Intensität. Was geschieht eigentlich in der übrigen Zeit? Und wie können wir diese Erfahrung für die Lösungsentwicklung nutzen?

Im oben genannten Beispiel hat es Jane geholfen, sich an die regelmässige Mittagsverabredung mit ihrer Kollegin zu erinnern. Eine zugegebenermassen überraschend einfache Erkenntnis. Doch warum sollte sie nicht genutzt werden, Jane dabei zu unterstützen, ihren Arbeitsalltag besser zu gestalten? Warum nicht ausprobieren, ob mit häufigeren Mittagsverabredungen den Panikattacken Herr (oder Frau) zu werden ist? Paul Z. Jackson berichtet, dass Janes Attacken innerhalb eines Monats und nach einem weiteren Coaching-Gespräch praktisch ganz verschwunden waren. Und sie hat entschieden, selbst so weiterzugehen, ohne weitere Coaching-Gespräche.

Annahme 3: Der Kunde ist der Experte

Im Coaching geht es zwingend darum, massgeschneiderte Lösungen zu finden, nämlich solche, die genau zum Kunden passen – und nicht irgendwelche Lösungen. Der Coaching-Kunde ist kundig in seiner (subjektiven) Welt, die vollkommen einzigartig ist. Der Coachee ist der Experte in seiner Welt. Die Erfahrungen des Coachs, seine guten Ideen und Ratschläge bleiben immer seine eigenen, sie werden nie in die Welt des Coachees passen. Hierin liegt der Grund, weshalb wir im Kurzzeitcoaching keine Ratschläge oder Tipps geben, sondern den Coachee selbst seine individuelle Lösung erarbeiten lassen und so lange daran feilen, bis die Lösung genau passt.

Steve de Shazer hat einmal gesagt: »Repariere nicht, was nicht kaputt ist!« Für einen Kurzzeitcoach bestimmt der Kunde, was es zu reparieren gilt, und nicht der Coach. Viele Coaches, die mit unterschiedlichen Modellen arbeiten, versuchen sich selbst als Experten zu sehen. Sie überlegen sich, was wohl hinter einem Problem stehen könnte: Mangel an Selbstbewusstsein, Existenzangst oder Kommunikationsschwäche. Und sie beginnen, an den einzelnen Themen zu arbeiten. Wir haben festgestellt, dass es in unserer Praxis wenig hilfreich ist, solche Hypothesen über Kunden zu erstellen, da diese Erklärungen selbst nur Konstrukte sind. Die Begründungsversuche etikettieren bloss konkrete, beobachtbare Handlungen.

Als Coach achten wir stattdessen den Kunden als Experten, ohne irgendwelche Hintergründe oder Erklärungen für sein Handeln zu erfinden. Wir arbeiten genau an dem, was der Kunde für wichtig hält, schauen die Handlungen des Kunden an und überlegen, wie er gerne in Zukunft handeln würde. Dabei spielt es keine entscheidende Rolle, ob wir für diese Handlungen ein Etikett finden oder aufzeigen können, woher das Problem kommt. Wir bleiben bewusst an der Oberfläche und arbeiten genau mit dem, was der Kunde möchte. Dies ist auch der Grund, warum wir so gerne mit dem Begriff »Kunde« arbeiten. Er weist uns darauf hin, was Kunden sind: nämlich »kundige« Menschen! (Diese Wortklärung stammt von unserem geschätzten Kollegen Jürgen Hargens).

Den Kunden als Experten zu sehen braucht grosses Vertrauen des Coaches in die Ressourcen und Kompetenzen seines Gegenübers. Dieses Vertrauen ist wohl die zentralste Prämisse der lösungsorientierten Arbeit. Der Coach geht davon aus, dass der Kunde alle Kompetenzen in seinem Erfahrungsspektrum »gespeichert« hat, die er für seine Lösungswünsche und Ziele braucht, auch wenn er diese Kompetenzen zur Zeit des Problemerlebens nicht wahrnimmt. Im Coaching schaffen wir einen Rahmen, in dem der Kunde seine Aufmerksamkeit auf jene Erlebnisbereiche richten kann, die Muster der gewünschten Kompetenzen repräsentieren. Gelingt es, im Gespräch die Aufmerksamkeit auf diese Erlebnisbereiche zu richten, zeigt sich so gut wie immer, dass genau diese nützlichen Kompetenzen intensiv aktiviert und genutzt werden können, selbst wenn sie vom Kunden lange Zeit nicht wahrgenommen wurden.

Exkurs zur Annahme 3: Wasserglas und Eichel

Vor ein paar Jahren stellte Sir John Whitmore[3] an der London Coaching Conference eine wunderbare Metapher vor, die auf den Punkt bringt, wie unterschiedlich Coaches ihre Kunden wahrnehmen können. Für die beiden unterschiedlichen Paradigmen, andere Menschen zu sehen, zeigte er zwei Symbole, das leere Glas und die Eichel.

Die Eichel hat alle Informationen gespeichert, die sie braucht, um eine imposante, starke Eiche zu werden

Wir können uns nicht mehr im Detail daran erinnern, wie Sir John Whitmore die Symbole erläuterte. Aber Peter kann dazu eine sehr passende Geschichte erzählen, die ihn auf seinem Weg zum Coach begleitet hat:

»Da ich lange Jahre als Leiter der Ausbildungsabteilung einer grossen Versicherungsgesellschaft gearbeitet habe, erinnere ich mich noch gut, wie es war, durch die Gänge und Büros zu gehen und nach leeren Wassergläsern bei den Angestellten zu suchen. Aus der Sicht des Ausbildungsleiters war es nötig, alle möglichen Defizite an Fähigkeiten und Kompetenzen bei den Mitarbeitern auszumachen, um viele hilfreiche Trainings zu entwerfen.

Defizite in der Kommunikation, im Zeitmanagement usw., die mir ins Auge fielen, schienen mir wie leere Wassergläser, und die Trainings, die unsere Abteilung massgeschneidert hat, waren die Flüssigkeit, die nötig war, das aufzufüllen, was so offensichtlich fehlte.

---

3 Buchempfehlung: Sir John Whitmore ist einer der bekannten »Altherren« im Coaching und Entwickler des im englischsprachigen Raum sehr bekannten GROW–Coaching-Modells: Coaching für die Praxis; allesimfluss-Verlag 2006

Der Kontrast zur Sichtweise eines Coaches kann unmöglich grösser sein: Der Coach sieht eine Eichel und weiss, dass das ganze Potenzial, alle Informationen, die nötig sind, damit diese zu einem grossen und mächtigen Eichbaum heranwächst, schon in der Nuss enthalten sind. Für mich, den früheren Ausbildungsleiter mit der Wasserglasoptik, bedeutete der Schritt zum Coach einen ziemlichen Perspektivenwechsel. Es ging darum, die Eichel ganz genau anzuschauen und vielleicht eine erste kleine Spalte zu entdecken. Und dann brauchte es noch etwas Geduld und Anpassung, um die ersten kleinen Anzeichen (noch kein Grün, sondern erst Weiss) dessen zu entdecken, was in Richtung Licht wächst.

Das Bild der Eichel sagt, dass es, im Gegensatz zum leeren Wasserglas, hier nichts gibt, was hinzugefügt werden könnte oder müsste. Es ist alles schon vorhanden, und das Einzige, was ich als Coach tun kann, ist, ihm Raum und Zeit für das Wachstum zu geben.«

Eine der faszinierendsten und befriedigendsten Erfahrungen als Coach ist es, als Zeuge mit dabei sein zu dürfen, wie ein Kunde seine Ressourcen wiederentdeckt, aktiviert und daraus zuversichtlich und selbstbewusst Lösungen für seine Fragestellung findet.

Annahme 4: Nichtwissen ist nützlich

Kurzzeitcoach zu sein ist anspruchsvoll: Sich mit seinen Ideen zurückzuhalten, keine Hypothesen über Ursachen und mögliche Defizite anzustellen, sich also ganz aus dem inhaltlichen Teil des Gesprächs herauszunehmen und sich dabei vertrauensvoll auf den Kunden einzulassen, nur den Prozess zu steuern – das ist nicht einfach.

»Verstehen« existiert nicht, es gibt nur nützliche und weniger nützliche Missverständnisse.
Steve de Shazer

In diesem Zusammenhang sprechen wir gerne davon, dass sich der Coach in der Kunst des Nichtwissens üben kann. Im Gegensatz zur heutigen Tendenz, sich viel und fundiertes Wissen anzueignen, gilt bei uns Nichtwissen als wichtige Coaching-Kompetenz. Es bedeutet Unvoreingenommenheit, gibt die Narrenfreiheit, unkonventionelle Fragen zu stellen, und überlässt die Verantwortung für die inhaltlichen Fragen dem Experten – dem Kunden.

Das Gegenteil von Nichtwissen ist Gewissheit. Wir neigen generell dazu, Gewissheit erlangen zu wollen, stichhaltige

Argumente zu finden, genau zu analysieren, damit »Wahrheit« gefunden werden kann. Wollen wir nicht alle Aussagen verstehen und mit Fakten unterlegen? Doch was uns gewiss erscheint, kann keine Alternativen bieten, ist einzig und allein unsere Konstruktion, unsere Sicht auf die Welt und hat entscheidend mit uns selbst zu tun! Die Kunst des Nichtwissens hilft dem Coach, sich auf seine Kompetenz, das Gestalten eines nützlichen Coaching-Prozesses, zu konzentrieren, hilfreiche Fragen zu stellen, wertschätzend zuzuhören, ressourcenorientierte Rückmeldungen zu geben und – wie einer unserer Coaching-Kollegen treffend sagt – Wundern nicht unnötig im Wege zu stehen.

Coaching-Kunden hilfreich durch Nichtwissen zu unterstützen kann als anstrengend empfunden werden. Wir haben entdeckt: Wenn sich der Coach auf seine Kunst versteht, wird Coaching zu einem – wie wir es augenzwinkernd nennen – richtigen »Schoggi-Job« (Helvetisch für »Schokoladen-Job«). Der Coach darf sich zurücklehnen, nützliche, zielgerichtete Fragen stellen und so, wie wenn er gerade ein Stück Schokolade essen würde, geniessen, was der Kunde sagt. Das ist ein »Schoggi-Job«! Der Kunde ist derjenige, der im Coaching-Gespräch arbeitet und neue Lösungen entwirft. Der Coach bleibt zurückgelehnt, geniesst die Narrenfreiheit, die ihm das Nichtwissen gibt, und kann vollständig auf das Expertenwissen des Kunden vertrauen.

EXPERIMENT

Um Coaching kurz zu halten, ist es hilfreich, nützliche Annahmen zu treffen. Wir laden Sie ein, sich vor den nächsten Gesprächen, die Sie mit Kunden haben, Folgendes zu überlegen:

1. Auf einer Skala von 1 bis 10: Wie sicher sind Sie, dass der Kunde, den Sie nachher gerade coachen werden, alles in sich trägt, was er zur Lösung seines Problems braucht?
2. Woran wird der Kunde merken, dass Sie ihm mit bejahendem Vertrauen begegnen?
3. Wie überzeugt möchten Sie sich in diesem Gespräch in der Kunst des Nichtwissens üben – ebenfalls auf einer Skala von 1 bis 10?

Nehmen Sie sich nach den Coaching-Gesprächen jeweils einen Moment Zeit und überlegen sich, ob und wie die drei oben genannten Fragen Sie in Ihrer Arbeit unterstützt haben.
Und wie noch?
Und woran hat dies der Kunde bemerkt?

3. Die Gesprächsphasen im Kurzzeitcoaching

Auf den nächsten Seiten möchten wir anhand von konkreten Beispielen die einzelnen Phasen eines Coaching-Prozesses schildern, beginnend mit dem Erstkontakt (Auftragsklärung) bis hin zum Abschluss nach einem zweiten oder gar dritten Gespräch.

Im Zentrum stehen dabei fünf Gesprächsphasen, die für die einzelnen Coaching-Gespräche eine hilfreiche Struktur geben können. Um Ihnen ein übersichtliches Bild dieser Gesprächsphasen zu geben – hier ein Überblick:

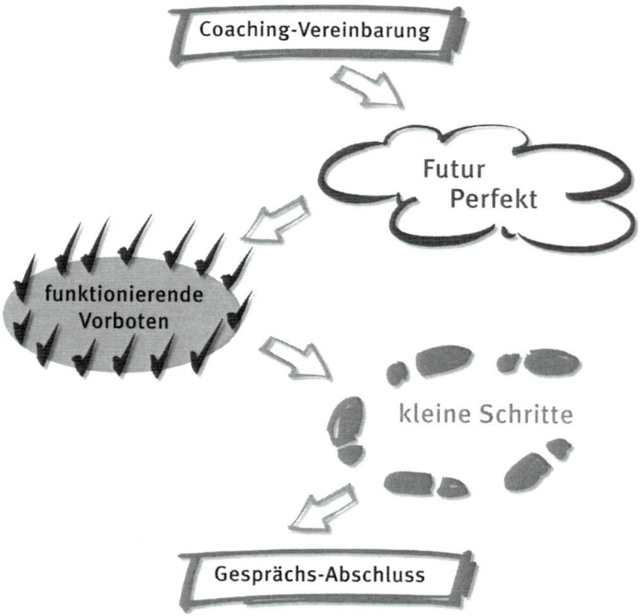

Gesprächsphasen im Kurzzeitcoaching

Phase 1: Coaching-Vereinbarung

In dieser Phase wird geklärt, was am Ende des ersten Gesprächs für den Coachee Nützliches herausschauen soll. Es wird eine gemeinsame Vereinbarung über Ziel und Inhalt des Gesprächs getroffen.

Zentrale Frage:

»Was soll in diesem Gespräch passieren, damit Sie am Schluss sagen können, dieses Gespräch hat sich für Sie gelohnt?«

Phase 2: Futur Perfekt

In dieser Phase nehmen wir uns genügend Zeit, um herauszufinden, wie für den Coachee der erwünschte Zielzustand (das Futur Perfekt)ausschauen muss und welche Konsequenzen dies in seinem wirklichen Leben hätte.

Zentrale Fragen:

»Angenommen es geschieht über Nacht ein Wunder, das all Ihre Probleme oder Herausforderungen löst: Woran würden Sie dies am nächsten Morgen bemerken?«

»Welche Auswirkungen hätte die Situation nach dem Wunder auf Sie und auf Personen, die Ihnen wichtig sind?«

Phase 3: Funktionierende Vorboten

Welche Situationen oder Begebenheiten kann der Coachee nennen, in denen es ihm schon ein bisschen gelungen ist, ein kleines Stück seines Futur Perfekts im Alltag zu erkennen? Wichtig dabei ist es, herauszufinden, welchen Beitrag der Coachee dazu geleistet hat und welche persönlichen Fähigkeiten und Ressourcen ihm dabei geholfen haben.

Zentrale Fragen:

»Gab es in den letzten Wochen Situationen, in denen ein kleines bisschen von dem Wunder passiert ist?«

»Wie haben Sie das geschafft?«

Phase 4: Kleine Schritte

Hier nehmen wir uns Zeit, um die Wahlmöglichkeiten für erste kleine Schritte in Richtung Ziel zu erweitern und allenfalls erste konkrete Schritte zu bestimmen.

Zentrale Fragen:

»Auf einer Skala von 1 bis 10 , wo stehen Sie heute? Wobei 10 meint, dass Sie ihr Ziel vollumfänglich erreicht haben und 1 das Gegenteil davon?«

»Woran würden Sie erkennen, dass Sie schon einen Schritt höher sind? Und woran noch?«

Phase 5: Coaching-Abschluss

Nebst praktischen Dingen wie der Klärung des weiteren Vorgehens sind zwei Elemente in der letzten Gesprächsphase bedeutsam:

a) Wertschätzung des Coaches für das bereits Geleistete und die vorhandenen Ressourcen, die den Coach zuversichtlich stimmen, dass der Coachee sein Ziel auch erreichen wird
b) Formulierung eines Experimentes durch den Coach, von dem er denkt, es könnte den Coachee bei der Umsetzung der ersten Schritte unterstützen

Wichtig ist uns an dieser Stelle zu bemerken, dass diese Gesprächsphasen und ihr Ablauf eine Hilfestellung sein sollen. Jedes Coaching-Gespräch ist in seiner Art einzigartig, nicht wiederholbar, anders als jedes Gespräch davor! Meist gilt es, die Gesprächsphasen dieser Einzigartigkeit anzupassen: Oft sind die einzelnen Phasen nicht messerscharf voneinander trennbar, manchmal fliessen sie ineinander über oder eine andere Reihenfolge stellt sich als angebracht heraus.

4. Bevor das Coaching beginnt – die Auftragsklärung

Bevor ein Coaching-Gespräch stattfindet, ergibt sich in den meisten Fällen ein erster Kontakt zwischen Coachee und Coach: Ein Kunde ruft an, oder jemand spricht Sie an einem Seminar oder einer Konferenz an. Was gilt es zu beachten, noch bevor das erste reguläre Coaching-Gespräch stattfindet?

Coaching in Action
Der Journalist Sven B.

Während einer Konferenz, anlässlich derer ich einen Workshop zum Thema lösungsorientiertes Coaching leitete, sprach mich ein etwa 40 Jahre alter Mann an und bat mich um eine kurze Unterredung. Sven B. erzählte, er sei Journalist und befinde sich beruflich in einer verzweifelten Situation. Er sei aufgrund eines von ihm verfassten Artikels mit einer Anklage konfrontiert. Sein Ruf als Journalist und seine Karriere seien in Gefahr. Er sei weder sicher, ob das Management der Zeitung, für die er schrieb, tatsächlich hinter ihm stehe, noch wisse er, ob er dem Anwalt trauen könne, den ihm das Management für seine Verteidigung zur Seite gestellt hatte.

Sven B. bat mich, diese Unterhaltung absolut vertraulich zu behandeln, und wollte ein Coaching, da er nervlich am Ende war. Es machte ihm Angst, dass der Rechtsstreit seinen Ruf als Journalist ruinieren könnte, und er war sehr verunsichert, wie er mit den verschiedenen Beteiligten in diesem Zusammenhang umgehen sollte.

Das erste Coaching-Gespräch sollte möglichst bald stattfinden. Sven B. wollte ausserdem sicher sein, dass ich genügend Zeit haben würde, um ihn während der kommenden Monate zu coachen.

Wir vereinbarten ein erstes Telefoncoaching, zwei Tage später um 8 Uhr abends, um, falls notwendig, genügend ungestörte Zeit für das Gespräch zu haben. Ich informierte ihn über meinen Honorarsatz und erklärte ihm, dass ich grundsätzlich bereits das erste Gespräch in Rechnung stelle, das er aber nichts zu bezahlen brauche, sollte das Gespräch für ihn nicht nützlich sein.

Ich erinnere mich gut, wie ich nach dem Gespräch mit Sven B. sehr sorgfältig meine Agenda prüfte, um genügend Zeitreserven für diesen Notfall einzuplanen, der offensichtlich eine ganze Reihe von Coaching-Gesprächen benötigen würde.

So oder ähnlich kann ein erster Kontakt mit einem Coaching-Kunden aussehen. Nachfolgend haben wir einige Hinweise formuliert, die uns bei der Arbeit mit dem Kurzzeitcoaching-Modell hilfreich erscheinen:

Für Ihren Werkzeugkoffer

Tipps für die Phase der Auftragsklärung:

- **Ziel**: Klären Sie schon beim ersten Kontakt, was genau das Ziel des Coachees ist – und woran er merken wird, dass das Coaching erfolgreich abgeschlossen werden kann.

- **Anzahl der Coaching-Gespräche**: Erklären Sie, dass Sie mit einem Kurzzeitcoaching-Modell arbeiten und dass das Ziel manchmal in sehr kurzer Zeit erreicht werden kann. Respektieren Sie dabei aber immer die Wahrnehmung Ihres Kunden, der möglicherweise schwer durch das Ereignis belastet ist und von einem längeren Zeithorizont bis zur Lösung des Problems ausgeht. Machen Sie sich bewusst, dass Sie zu diesem Zeitpunkt nicht abschätzen können, wann für den Kunden ein Zustand erreicht ist, in dem für ihn die erarbeitete Lösung »gut genug« ist, um ohne weitere Coachings auszukommen. Es macht deshalb wenig Sinn, im Voraus eine fixe Anzahl von Terminen zu vereinbaren. Ob ein Folgetreffen notwendig ist, muss vielmehr aufgrund der erzielten Fortschritte von Mal zu Mal entschieden werden.

- **Honorar für die erste Besprechung**: Erklären Sie, dass bei der Arbeit mit dem Kurzzeitcoaching-Modell auch für die erste Sitzung ein Honorar erhoben wird, da Sie sofort mit der Coaching-Arbeit beginnen. Kunden erzählen oft von Coaches, bei denen die erste Vorbesprechung nicht kostenpflichtig ist und das Honorar erst ab der zweiten Sitzung anfällt. Dies ist bei einer lange dauernden Coaching-Beziehung sinnvoll, über die monatlich abgerechnet wird. Die erste Besprechung gilt dort hauptsächlich dem Informationsaustausch. Für Kurzzeitcoachings mit durchschnittlich 2-3 Sitzungen erscheint dieses Vorgehen nicht praktikabel.

EXPERIMENT

Achten Sie bei Ihren nächsten Auftragsklärungsgesprächen darauf, was für Sie am besten funktioniert:

- Welche Fragen stellen Sie gerne und sind für Sie wichtig?
- Hat der Kunde schon in der Auftragsklärung einen Mehrwert – und wie schaffen Sie das?
- Wann ist der beste Zeitpunkt, um die Honorarfrage zu klären?
- Woran erkennen Sie in den ersten 5 Minuten, dass Sie gerne und mit Freude mit diesem Kunden arbeiten möchten?

Legen Sie Notizen zu Ihren Erfahrungen an!

5. Coaching-Vereinbarung im ersten Coaching-Gespräch

Beginnen mit dem Abschluss vor Augen

Es gibt viele Möglichkeiten, eine erste Sitzung zu beginnen. Wir beleuchten, was aus der Optik von Kurzzeitcoaching besonders nützlich erscheint. Darüber hinaus wollen wir zeigen, was es genau heisst, wenn wir von Kurzzeitcoaching sprechen und wie wir eine Sitzung damit beginnen können, uns bereits von Anfang an das Ende des Coaching-Prozesses vor Augen zu halten.

Beginnen mit der Gegenwart

Um das Anliegen des Kunden besser zu verstehen, kann der Coach am Anfang versuchen, möglichst viel über die derzeitige Situation herauszufinden. Typische Fragen sind:

- Wie würden Sie Ihre jetzige Situation beschreiben? Welche Personen haben damit zu tun? Was ist passiert? Was ist daran problematisch für Sie?

Diese Fragen zu Tatsachen und Umständen könnten wir auch als Reporterfragen bezeichnen. Sie sind nützlich, um den Coach mit Informationen zu versorgen, und dienen nicht dazu, dem Kunden neue Einsichten zu ermöglichen.

Beginnen mit der Vergangenheit

Gewisse Coaching-Modelle stellen die Analyse der Ursachen für die Problemsituation an den Anfang. Um zu verstehen, wie die Dinge entstanden sind, stellt der Coach »W-Fragen«:

- Warum ist dies oder das geschehen?
- Wie erklären Sie sich diese Entwicklung?
- Woher kommt das Problem? Wo hat es sich gezeigt?

Diese Fragen dienen der Problemanalyse mit dem Ziel, das Problem und dessen Auswirkungen verständlicher und transparenter zu machen.

Beginnen mit dem Ende vor Augen

Im Kurzzeitcoaching bevorzugen wir diesen, etwas speziellen Einstieg. Damit können Coaches ihre Kunden dabei unterstützen, sich gedanklich schon am Anfang mit dem erwünschten Zielzustand zu befassen:

- Nehmen wir an, unser Coaching ist erfolgreich abgeschlossen und Sie haben Ihr Problem irgendwie gelöst. Wie würde sich das auswirken?

Problem talk creates problems. Solution talk creates solutions.
Steve de Shazer

Der Coach und der Coachee können so erforschen, wie sich die Alltagshandlungen des Kunden verändern sollen. Insbesondere kann besprochen werden, welche konkreten Anzeichen darauf hinweisen werden, dass die Coaching-Beziehung beendet werden kann:

- Woran werden Sie merken, dass ihr Problem genügend gut gelöst ist, sodass es keine weiteren Coachings mehr braucht?

Kunden werden auf diese Weise eingeladen, sich frühzeitig das Ende des Coachings vor Augen zu führen.

Coaching in Action
Der Journalist Sven B.

Coach: »Was muss heute hier passieren, damit es sich für Sie gelohnt hat, sich die Zeit für dieses Gespräch zu nehmen?"

Natürlich informierte mich Sven B. zunächst mehrere Minuten lang über die neusten Entwicklungen in seinem Fall, die wirklich sehr besorgniserregend waren. Seine Frau, normalerweise sehr geduldig und verständnisvoll, begann zu leiden und beklagte sich über seine geistige Abwesenheit. Ausserdem beunruhigte es ihn zutiefst, dass er nicht genug Geld verdienen konnte, um seine Familie zu ernähren. Abgesehen von diesen Spannungen im Privatbereich kam die Sache mit der Zeitung und dem Rechtsstreit nicht recht voran. Meine ursprüngliche Frage nach dem Anliegen für die heutige Besprechung beantwortete er so, dass er dringend wichtige von weniger wichtigen Dingen trennen wolle, dass er Ideen brauche, um die rechtliche Angelegenheit anzupacken, dass er sich einige realistische Überlegungen zu seiner beruflichen Zukunft machen und irgendwie die Ruhe und Energie finden müsse, die Dinge in die eigene Hand zu nehmen.

Ich liess die hastig vorgebrachte Aufzählung zunächst so stehen und versprach, dass wir gleich wieder darauf eingehen würden, um herauszufinden, womit wir heute Abend genau arbeiten wollten.

Coach: »Lassen Sie uns zuerst noch kurz über das Ende dieses Coaching-Prozesses reden: Stellen Sie sich bitte einen Moment lang vor, dass etwas Zeit vergangen ist. Sie haben die Dinge irgendwie auf die Reihe gebracht, das Notwendige selbst in die Hand genommen und auch die dazu nötige Energie und Ruhe gefunden. Woran werden Sie dann bemerken, dass die Dinge gut genug für Sie sind, um unsere Coaching-Beziehung zu beenden?"

Es folgte eine lange Pause. Dann sagte Sven, dass möglicherweise eine Änderung im Verhalten seiner Frau und seiner Kinder ein klares Entwarnungszeichen sein könnte, was wiederum damit zusammenhängen könnte, dass er dann seine innere Balance wiedergefunden hätte: »Die innere Sicherheit, alles in meiner Macht Stehende getan zu haben, und mein Vertrauen, die Dinge loszulassen, die ich nun mal einfach nicht ändern kann.«

Während er diese Gedanken verfolgte, geschah etwas Verblüffendes. Unser Coaching-Gespräch dauerte erst 10 Minuten. Doch irgendetwas an der Art, wie er die Anzeichen für die Entwarnung schilderte, und der Klang seiner Stimme liessen mich stutzig werden. Es schien mir, als sei eine Veränderung eingetreten. Ich wollte das überprüfen und so fragte ich etwas zögerlich: »Wenn ich so höre, was Sie gerade gesagt haben, und wenn ich darüber nachdenke, wie Sie es gesagt haben, frage ich mich: Könnte es sein, dass die Dinge jetzt bereits gut genug für Sie sind?" Er sagte, er hätte sich gerade dieselbe Frage gestellt. Er konnte es fast nicht glauben, wie klar es für ihn plötzlich war, was er als Nächstes tun wollte und wie er es anpacken würde. Er sagte, es sei so etwas wie eine 180-Grad-Wendung passiert: »Um ehrlich zu sein«, meinte er, »und ich bin selbst überrascht davon, ich habe jetzt das Vertrauen, dass ich die Dinge wieder selber und auf meine Art regeln kann. Danke für das Coaching!"

Mit einer Gesamtdauer von 15 Minuten war das definitiv die kürzeste Coaching-Beziehung, die ich jemals im beruflichen Kontext hatte. Als ich Sven B. zufällig ein Jahr später traf, haben wir uns einige Minuten unterhalten. Ich fragte nicht explizit nach dem Stand des Rechtsstreits. Aber Sven B. erzählte mir enthusiastisch von seinen aktuellen journalistischen Projekten. Und ich bin zufrieden davon ausgegangen, dass das Coaching offenbar hilfreich gewesen war. Offensichtlich hat er nach dem Gespräch damit begonnen, die Dinge in die eigene Hand zu nehmen, um so zu einer tragfähigen Lösung zu kommen.

Natürlich ist dies ein eher aussergewöhnliches Beispiel dafür, wie kurz ein Kurzzeitcoaching tatsächlich sein kann, wenn man bereits zu Beginn darüber redet, wie das Ende aussehen könnte. Aber es ist nicht so aussergewöhnlich, dass ein Coaching genau dann endet, wenn der Kunde sich darüber klar geworden ist, was er wirklich will. Genau zu erforschen, wie es sich auswirken könnte, wenn das Ziel erreicht ist, ist eine sehr gute Möglichkeit, die Coaching-Beziehung kurz zu halten. Kurzzeitcoaching verfolgt typischerweise den Zweck, den Kunden dabei zu unterstützen, einen Anfang zu machen, in eine nützliche Richtung aufzubrechen. Dahinter steckt die Überlegung des Coachs, dass ein erster Schritt zum nächsten führen wird, und der Coachee kompetent und lebenserfahren genug ist, seinen eigenen Weg zu finden, wenn einmal ein Anfang gemacht ist. Möglicherweise braucht der Coachee auf seinem Weg zum Ziel irgendwann ein weiteres Kurzzeitcoaching. Aber der Hauptfokus liegt im Kurzzeitcoaching nicht so sehr darauf, den Coachee den ganzen Weg von A nach B zu begleiten, sondern ihm zu helfen, einen guten Anfang zu finden.

Für Ihren Werkzeugkoffer

Fragen, um »mit dem Ende zu beginnen«:

- Woran werden Sie merken, dass die Dinge jetzt besser geworden sind und dass es Zeit ist, die Coaching-Beziehung zu beenden?
- Was soll in diesem Gespräch passieren, damit es sich für Sie gelohnt hat?
- Woran werden andere merken, dass die Dinge jetzt gut genug sind?
- Was ist das erste kleine Zeichen, das Ihnen sagt, dass Sie von jetzt an wieder alleine weiterkommen?

Die obigen Werkzeuge erfüllen zwei Hauptfunktionen:

1) **Coaching-Vereinbarung:** Die Fragen sind hilfreich, damit der Coach besser verstehen kann, was am Schluss herausschauen soll. Sie sind auch dazu da, eine klare gegenseitige Übereinstimmung zu finden: Welche real beobachtbaren Anzeichen weisen darauf hin, dass die Coaching-Beziehung beendet werden kann? Speziell im Kurzzeitcoaching ist es für beide Parteien eine hilfreiche Unterstützung, das Ende des Prozesses frühzeitig zu besprechen und von Anfang an im Auge zu behalten. Nur dank einer solchen im Vorfeld klar angesprochenen Vereinbarung konnte das Coaching mit Sven B. bereits nach 15 Minuten beendet werden.
2) **Coaching-Intervention:** Die Fragen helfen dem Coachee, von der Problemebene zur Lösungsebene zu wechseln. Einsteins Aussage »Kein Problem kann durch dasselbe Bewusstsein gelöst werden, welches das Problem kreiert hat" ist ein sehr kraftvolles Argument

dafür, bereits zu Beginn vom Ende zu reden. Den Blick schon am Anfang auf das erfolgreiche Ende zu fokussieren ist eine wirksame Möglichkeit, dem Coachee zu helfen, sich mental in einen ressourcenvollen Lösungszustand zu versetzen. Dies ermöglicht ihm die Loslösung vom Problembewusstsein. Im Beispiel mit Sven B. hat allein die Frage nach den Anzeichen für ein gutes Ende eine entscheidende und ausreichende Veränderung ausgelöst.

Und was auch noch hilft:

Das elegante »Anstatt«

Bei einigen Kunden ist die häufigste Folgefrage in der Zielvereinbarung die Frage nach dem »Anstatt«.

Manager: »Ich möchte bei meinen Mitarbeitern nicht mehr so den Chef raushängen lassen müssen.«

Coach: »Und was würden Sie stattdessen vorziehen?«

Es geht hier darum, den Coachee herausfinden und ausdrücken zu lassen, wie die neue Handlung, die die alte Handlungsweise ersetzt, aussehen wird, anstatt das Ziel nur als die Abwesenheit von etwas zu definieren. In der Folge wird es für den Coachee möglich, beobachtbare Unterschiede in seinem Verhalten, tatsächliche Möglichkeiten für sein reales Leben und Kriterien für die Zielerreichung zu erfinden.

Manager: »Wahrscheinlich würde ich morgens freundlich Hallo sagen und bemerken, was Gutes passiert ist.«

Der machbare ANFANG

Wir ermutigen den Kunden, seine Ziele als den Beginn von etwas zu formulieren und nicht als das Ende.

Fragen wie »Womit könnten Sie tatsächlich anfangen?« oder »Was sind die ersten Zeichen, dass Sie auf dem Weg zum Ziel sind?« offenbaren und unterstützen die Stärke von Kurzzeitcoaching, indem sie effektiv den Weg für den Beginn von etwas Neuem ebnen.

It takes two to tango

Als Schlussbemerkung in diesem Kapitel möchten wir gerne herausstellen, dass die Überschrift das Wort »Vereinbarung« enthält. Das bedeutet: Mindestens zwei Parteien sind involviert, und Sie als Coach sind auch Teil des Verhandlungsabschlusses. Auf der Seite des Kunden ist es bei der Zielverhandlung wichtig herauszufinden, was er erreichen möchte und ob der Coach überhaupt helfen kann. Auch der Coach muss bei dieser Verhandlung entscheiden, ob er diese Dienstleistung erbringen kann und will, nachdem er gehört hat, was in der Sitzung passieren soll. Auch der Coach kann und darf Nein sagen – aus ethischen Gründen, aus professionellen oder persönlichen. Professionalität bedeutet auch, dass wir uns als Coach über das »AUSGANG HIER«-Schild im Klaren sind und an diesem Punkt des Kurzzeitcoachings klar kommunizieren, ob wir mit dem Coachee an der Sache arbeiten möchten oder nicht. Entweder »Ja, ich möchte mit Ihnen daran arbeiten« oder »Nein, ich bin nicht die beste Ressource für dieses Ziel. Darf ich Ihnen helfen, jemand zu finden, der besser passt?«

Eine möglichst klare, beidseitige Vereinbarung hilft, in eine wirkungsvolle und gegenseitig akzeptierte Arbeitsbeziehung einzusteigen.

EXPERIMENT

Sie haben auf den vorhergehenden Seiten erfahren, wie wir Coaching definieren, Sie haben sich mit nützlichen Annahmen im Kurzzeitcoaching auseinandergesetzt und einen Überblick über die Gesprächsphasen im Coaching erhalten. Wahrscheinlich haben Sie das hier Geschriebene mit Ihren Erfahrungen und Ideen verglichen und sich Gedanken zu Aussagen und Ideen gemacht – Gedanken von denen wir, während wir das Buch schreiben, keine Ahnung haben.

In diesem Experiment möchten wir Sie einladen, Ihre Gedanken einen Moment in die Zukunft zu richten. Versuchen Sie, folgende Fragen zu beantworten:

Stellen Sie sich einen Moment vor, die folgenden 60 Seiten wären von uns nur für Sie geschrieben worden. Wir hätten hier genau die Informationen und Inhalte über Coaching beschrieben, die Sie schon lange gesucht haben. Das Lesen dieses Buches würde also ihre kühnsten Erwartungen übertreffen …

- Was wäre für Sie nach dem Lesen dieses Buches anders? Was hätten Sie Neues gelernt?
- Was würden Sie in Ihrer Coaching-Praxis anders tun?
- Woran würden Ihre Kunden merken, dass Sie freudig einen Schritt weitergekommen sind?
- Was wäre für Sie ein eindeutiges Zeichen, dass es sich gelohnt hat, dieses Buch zu lesen?

6. Futur Perfekt

Wunder, die eine neue Perspektive eröffnen

Der Blick auf den Zielzustand ist aus der Perspektive des Kunden oft durch etwas, was dazwischen steht, verstellt. Das passiert häufig, und wir nennen das, was da im Weg steht, Problem oder Herausforderung.

Im Kurzzeitcoaching geht es in der zweiten Phase des Coaching-Gesprächs nicht darum, dieses Hindernis genauer anzuschauen. Wir wagen den Sprung über das Hindernis, in die Ziellandschaft – oder eben in das Futur Perfekt (erwünschte Zukunft, »wenn er/sie ihr Ziel erreicht haben wird«), wie wir es nennen. Es hat sich in unseren Gesprächen bewährt, viel Gesprächszeit im Futur Perfekt zu verbringen. Dies erlaubt dem Kunden, sich ein sehr konkretes Bild seines Zieles zu machen und die Konsequenzen der Zielerreichung im Voraus zu entdecken.

Es gibt verschiedene Wege, um nach dem Futur Perfekt zu fragen. Wir verwenden dazu oft die Wunderfrage, besonders wenn die Sache zu Beginn hoffnungslos scheint wie im folgenden Beispiel.

Coaching in Action
Frau K., eine berufliche Herausforderung mit 55

Als Frau K. anrief, sagte sie, dass ihre Arbeitssituation nach einer Reorganisation in ihrem Unternehmen fast unerträglich geworden sei. Sie war nun Assistentin von zwei Vorgesetzten statt von nur einem. Beide machten ihr das Leben sehr schwer und gaben ihr keinerlei Anerkennung für ihre Arbeit. Auch durfte sie nicht mehr eigenverantwortlich arbeiten. Um alles noch schlimmer zu machen: Ihre Chancen, mit 55 Jahren eine neue Arbeitsstelle zu suchen und zu finden, waren bei der damals schwierigen Situation auf dem Arbeitsmarkt fast gleich null. Als alleinstehende Frau war sie von ihrem eigenen Einkommen abhängig.

Das Coaching bestand aus zwei 45-minütigen Gesprächen. Zwischen diesen lagen ungefähr zwei Wochen. Während des zweiten Gesprächs berichtete Frau K., ihre Arbeitssituation habe sich so stark verbessert, dass sie sich überlege, doch dort zu bleiben. Ein drittes Gespräch hatten wir zwar vereinbart, aber es waren nur fünf Minuten nötig, in denen sie erklärte, sie habe ein vielversprechendes Bewerbungsgespräch geführt, durch das sie so viel Selbstvertrauen gewonnen habe, dass sie jetzt keine Notwendigkeit mehr für weiteres Coaching sähe, selbst dann nicht, wenn sie die neue Stelle nicht bekäme.

Während der ersten Sitzung gab es noch überhaupt keine Anzeichen für eine so erstaunliche Entwicklung und keinen Grund für Optimismus. Zu der Zeit hatte sich Frau K. hoffnungslos in einem unerträglichen Job festgefahren, und es schien kein Licht am Ende des Tunnels zu geben. Als sie der Coach in der ersten Coaching-Sitzung fragte, was ihr Ziel für die erste Sitzung sei, sagte sie, dass sie entweder herausfinden wolle, wie sie ihre momentane Situation besser ertragen könne (und das, sagte sie, sei völlig unvorstellbar), oder dass sie Möglichkeiten entwickeln wolle, eine neue Stelle zu finden (was sie aus Arbeitsmarkt- und persönlichen Gründen für unrealistisch hielt).

Als der Coach Frau K. fragte, was denn anders sein würde, wenn sie eines oder beide ihrer Ziele erreicht hätte, sagte sie, sie wisse das wirklich nicht, aber dies wäre tatsächlich ein echtes Wunder. »Und es bräuchte ein Riesenwunder, um dort hinzukommen!«, fügte sie mit einem tiefen Seufzen bei.

»Unsere Wünsche sind Vorgefühle der Fähigkeiten, die in uns liegen. Vorboten dessen, was wir zu leisten imstande sein werden. Was wir können und möchten, stellt sich unserer Einbildungskraft ausser uns und in der Zukunft dar; wir fühlen eine Sehnsucht nach dem, was wir schon im Stillen besitzen. So verwandelt ein leidenschaftliches Vorausgreifen das wahrhaft Mögliche in ein erträumtes Wirkliches.«

Johann Wolfgang von Goethe

Coach: »Dann lassen Sie mich Ihnen eine etwas merkwürdige und aussergewöhnliche Frage stellen – die ein bisschen Fantasie braucht. ANGENOMMEN *unser Gespräch ist zu Ende, Sie gehen heim, und Sie tun, was auch immer Sie für den Rest des Abends geplant haben; vielleicht essen Sie noch etwas, und dann machen Sie noch etwas anderes … Und irgendwann am Abend werden Sie müde und gehen schlafen. Mitten in der Nacht, während Sie ganz fest schlafen, passiert ein Wunder, nämlich dass all das, was Sie ins Coaching gebracht hat, durch das Wunder irgendwie gelöst wurde – irgendwie … einfach so. Sie wachen am nächsten Morgen auf, und Sie wissen gar nicht, dass es ein Wunder gegeben hat, weil Sie ja fest geschlafen haben und niemand Ihnen sagt, dass ein Wunder passiert ist. Also: Wenn Sie morgen früh aufwachen, wie fangen Sie an zu entdecken, dass das Wunder tatsächlich passiert ist?«*

Frau K.: »Nun, ich glaube, ich würde aufwachen und mich auf den Arbeitstag freuen. Ich würde in den Spiegel schauen und eine kompetente, wertgeschätzte

Frau sehen, die ihre Arbeit gut macht, und ich wäre mir aller meiner Ressourcen bewusst!«

Coach: »Okay, da kommen wir gleich darauf zurück. Und was wäre noch anders an dem Morgen oder dem Tag nach dem Wunder?«

Frau K. sagte, sie könne dann an ihrer Arbeitsstelle auch eine gesunde Distanz wahren und würde besser auf sich und ihr Wohlbefinden achten. An diesem Punkt fragte der Coach gründlich nach, wie genau sie sich dann anders verhalten und was sie nach dem Wunder tun würde, was sie jetzt noch nicht getan habe.

Frau K.: »Da ich mehr Energie und Kraft hätte, würde ich wahrscheinlich eine alte Freundin von mir anrufen und mit ihr zum Essen gehen. Das habe ich schon seit Monaten nicht mehr getan. Ich habe alle Einladungen abgelehnt, weil ich so erschöpft war.«

Coach: »Wenn Sie nach dem Wunder mit einer Freundin, die Sie gut kennt, essen gehen, woran wird die Freundin bemerken, dass bei Ihnen ein Wunder passiert ist?«

Coach und Coachee verbrachten nun einige Zeit mit detaillierten Beschreibungen der möglichen Handlungen und den beobachtbaren Unterschieden, zu denen diese führten. Frau K. beschrieb sehr lebendig, eingebettet in den Kontext ihres wirklichen Lebens, wie sie sich ihren Vorgesetzten gegenüber selbstbewusster verhalten würde.

Coach: »Ohne dass Ihre Vorgesetzten Ihnen dies ausdrücklich mitteilen, wie würden Sie merken, dass auch die Vorgesetzten bemerkt haben, dass Sie selbstsicherer sind? Nehmen wir Herrn F. zuerst, woran werden Sie sehen, dass er es bemerkt hat?«

Frau K.: »Ich denke, Herr F. wäre ein bisschen höflicher, vielleicht würde er ›Hallo‹ oder ›Bitte‹ sagen. Vielleicht würde er mich sogar wegen etwas loben – das wäre ein Riesenwunder –, und ich würde sicher wissen, dass er bemerkt hat, es mit einer kompetenten Frau zu tun zu haben, die Respekt verdient.«

Coach: »Und nehmen wir an, er würde etwas Nettes über Ihre Arbeit sagen, wie würden Sie darauf reagieren?«

Frau K.: »Ich würde wahrscheinlich lächeln und sagen, dass mich das freut. Und zu mir selbst würde ich sagen ›Bingo!‹ und mich am Abend mit einem Saunabesuch belohnen.«

Die Wunderfrage in Zeitlupe

A. Die Einladung zum Perspektivenwechsel sorgfältig einpacken

Manchmal kommt uns die Wunderfrage wie ein wertvolles Geschenk an unseren Kunden vor. Um ihn auf die angenehme Überraschung vorzubereiten, packen wir unser Geschenk sorgfältig ein.

»Lassen Sie mich Ihnen eine etwas merkwürdige und aussergewöhnliche Frage stellen – die ein bisschen Fantasie braucht …«

Frau K. hat schon viel Zeit damit verbracht, über ihr Problem nachzudenken. Obwohl sie ein Wunder erwähnt, hat sie wahrscheinlich nie gewagt, zu viele Gedanken daran zu verschwenden. Aus gutem Grund scheint es ihr wichtiger, zunächst ihr Problem anzugehen. Es kann daher eine hilfreiche Vorbereitung sein, wenn man ankündigt, dass jetzt eine etwas merkwürdige und aussergewöhnliche Frage kommt.

»Nehmen wir an …«

Das sind die magischen Worte, die sorgfältig beginnen, eine Brücke zu bauen. Im Kontext dieses Coachings überbrückten diese Worte zwei völlig unterschiedliche, unverbundene Perspektiven. Auf der einen Seite der Brücke sieht sich unsere Kundin mit starken Hindernissen in ihrem Arbeitsleben konfrontiert, und niemand kann wissen, ob sie diese überhaupt zu überwinden vermag. Um die Brücke zu bauen, ist alles, was wir in diesen Moment tun können, einfach ANZUNEHMEN, dass ihre Probleme gelöst sind – einfach so.

Das Futur Perfekt hat für uns zwei wichtige Elemente: Einerseits geben wir den Kunden die Möglichkeit, herauszufinden, wie ihre Welt denn ausschauen würde, wenn die Probleme gelöst wären, und zwar einfach so – eben, wie wenn ein Wunder geschehen würde. Im zweiten Teil des Futur Perfekts ist es hilfreich, sorgfältig die Konsequenzen für das Handeln im Alltag zu beleuchten. Wir sprechen hier auch gerne von der Alltagshandlungsrelevanz. Welche Konsequenzen also hat der Lösungszustand für das Handeln des Kunden und sein Umfeld?

»... Sie gehen heim und tun, was auch immer Sie für den Rest des Abends geplant haben ...«

Und selbstverständlich nehmen wir uns etwas Zeit, um die Brücke zu überqueren: Wir gehen also auf dieser Seite der Brücke los, eingebettet in der sicheren Realität des alltäglichen Lebens unserer Coachee. Klar, Frau K. wird nach dem Coaching-Gespräch nach Hause gehen, sie wird am Abend irgendetwas tun, bügeln vielleicht oder fernsehen.

»Und mitten in der Nacht, während Sie ganz fest schlafen, passiert ein Wunder.«

Die Idee, das Wunder in der Mitte der Nacht passieren zu lassen, stellt sicher, dass der Coachee aus dem »Was muss ich tun?«-Modus herauskommt. Das Wunder geschieht ohne aktives Zutun. Es ist eine Einladung zu entspannen, statt mehr zu tun oder etwas noch angestrengter zu versuchen. Das Wunder ist eine Einladung, einfach zu geniessen und neugierig zu erforschen, was auch immer auf der anderen Seite der Brücke auftaucht.

Es ist unsere Erfahrung, dass mit einer sorgfältigen Geschenkverpackung die Wunderfrage auch bei skeptischen Coachees verwendet werden kann.

»..."

Die Pausen! Versuchen Sie einmal, die Wunderfrage laut zu lesen und dabei die Pausen wegzulassen – das ist so komisch, wie es unnütz ist! Besonders an der Stelle, wenn das Wunder passiert, ist es wichtig, genug Zeit dafür zu lassen, dass das Wunder wirken kann. Pausen sind der beste Teil vom Coaching. Sie werden für das Nichtstun bezahlt. Und dabei sind Sie jeden Rappen Ihres Honorars wert, weil dieses Nichtstun dem Coachee viel wertvolle Reflexionszeit gibt. Pausen verstehen wir auch als die »heilige Denkzeit der Kunden«.

»... all das, worüber Sie gesprochen haben, ist gelöst.«

Normalerweise ist es nicht nötig, dass der Coach genau beschreibt, was das Wunder bewirkt. Es offen zu lassen lädt den Coachee ein, sich ein eigenes passendes Wunder zu bauen.

»... und Sie wachen morgen früh auf ...«

Es ist von Vorteil, das Wunder zeitlich so nah wie möglich an die Coaching-Sitzung zu legen. Es lohnt sich, dem Coachee zu erlauben, sich sobald wie möglich einen neuen Anfang mit einer neuen Perspektive vorzustellen.

»... und Sie wissen gar nicht, dass es ein Wunder gegeben hat, weil Sie ja fest geschlafen haben und niemand Ihnen sagt, dass ein Wunder passiert ist.«

Dieser Teil der Frage ist dazu da, das Überraschungsmoment zu verstärken. Das Wunder handelt nicht von etwas, was der Coachee schon vorher wissen kann, sondern von dem, was plötzlich passiert. Da es Teil der Wunderfrage ist, den Coachee dazu einzuladen, die Perspektive zu wechseln, ist es hilfreich, klarzumachen, dass es keinen anderen Weg gibt, etwas über das Wunder herauszufinden als durch sehr genaue und präzise Beobachtung durch die Kunden.

B. Ausschau halten nach Unterschieden im täglichen Leben

Nun, da wir die verschiedenen Schichten der Geschenkverpackung abgewickelt haben, ist es an der Zeit, sich auf den tatsächlichen Inhalt des Geschenks zu konzentrieren. Das Geschenk der Wunderfrage an den Kunden kann der Prozess sein, herauszufinden, was es alles für Unterschiede in seinem Alltagsleben gibt, die für ihn einen wirklichen Unterschied machen würden: Wie sieht die erwünschte Zukunft hinter allen Hindernissen tatsächlich aus?

»Also wenn Sie morgen früh aufwachen, wie fangen Sie an zu entdecken, dass das Wunder tatsächlich passiert ist?«

Oft lautet die erste spontane Reaktion: »Oh, das weiss ich nicht.« Wenn Sie sich dann zurücklehnen und den Coachees etwas Zeit lassen, darüber nachzudenken, kommen sie irgendwann immer auf erste Ideen, was am Morgen nach dem Wunder anders sein könnte.

Ebenfalls typischerweise bemerkt der Coachee die Abwesenheit von etwas, z. B. ahnt er, dass er vielleicht »weniger angespannt« sein wird. Um diesen Unterschied noch beobachtbarer und wirklicher in den Augen des Kunden zu machen, schlagen wir vor, hier nach dem ANSTATT zu fragen. »Wenn Sie also bemerken, dass Sie weniger angespannt sind, was machen Sie dann STATTdessen?« Dies hilft dem Coachee, die auftauchenden Unterschiede als positive Handlungen zu formulieren.

»Okay, da kommen wir gleich darauf zurück. Und was wäre noch anders an dem Morgen oder dem Tag nach dem Wunder?«

Um aus der Wunderfrage den grössten Nutzen zu ziehen, kann man hier mehrfach »WAS NOCH?« fragen. Diese zusätzlichen Momente des Erkennens können an verschiedenen Punkten auf der Zeitlinie »später am Tag« oder an anderen Orten »zu Hause, bei der Arbeit etc.« lokalisiert werden.

Nachdem wir eine Vielzahl von Unterschieden gesammelt haben, kann der Coach einige Themen auswählen, die für die Zielerreichung des Kunden besonders dienlich erscheinen.

C. Konsequenzen im alltäglichen Leben der Kunden erforschen

Der zentrale Aspekt des Futur Perfekts besteht darin, herauszufinden, welche Konsequenzen oder Auswirkungen das Wunder auf die Alltagshandlungen des Coachees hat. Unser Hauptfokus während der Unterhaltung muss auf dem Kunden liegen und darauf, was er in seinen alltäglichen Handlungen des wirklichen Lebens als FOLGE des Wunders anders MACHT. Wir betonen den Handlungsteil und das Tun, weil wir glauben, dass es unerlässlich für die Coachees ist, sich klar darüber zu sein, was sie anders machen können, egal, wie das Wunder die Gefühle im Inneren des Kunden beeinflusst.

»Woran wird Ihre Freundin bemerken, dass bei Ihnen ein Wunder passiert ist?«
Fragen über die Perspektive anderer und darüber, was diese vielleicht am Coachee feststellen können, führen uns meist zu Unterschieden im beobachtbaren Verhalten des Coachees.

Natürlich gibt es auch immer Antworten, die beinhalten, dass sich andere zuerst geändert haben müssen, bevor sich der Coachee ändern kann. »Mein Chef wäre dann freundlicher.« Gehen Sie als Coach einfach mit dem Gesagten mit und erforschen Sie die Auswirkungen dieser Änderungen, indem Sie fragen: *»Und, mal angenommen er würde etwas Nettes über Ihre Arbeit sagen, wie würden Sie darauf reagieren?«*

Alternativen zur Wunderfrage

Die Wunderfrage ist eine mehrteilige Frage, in der es darum geht, den Zielzustand so konkret wie möglich zu (er-)finden und die Konsequenzen davon zu explorieren. Wichtig ist also, dass wir uns genügend Zeit nehmen, die Auswirkungen des Wunders konkret zu besprechen.

Die Wunderfrage erlaubt es dem Coachee, für die Lösungsfindung in einen Zustand reicherer Ressourcen zu treten. Sie ist umso angebrachter, je verzweifelter oder herausfordernder die Situation des Coaching-Kunden ist.

Natürlich gibt es auch andere Möglichkeiten, um das Futur Perfekt zu erforschen:

Coach: »Angenommen, Sie haben einen Traum, der mit dem Erreichen Ihres Ziels zu tun hat. Wie könnte der aussehen ...?«

Manchmal sind es ganz praktische Hindernisse, die der Kunde beschreibt und die vorerst gedanklich überwunden werden müssen:

»Nehmen wir an, Ihr Chef verhält sich plötzlich, wie Sie es sich wünschen ...«

Oder:

»Nehmen wir an, es ist eine gewisse Zeit verstrichen und es ist Ihnen gelungen, Ihr Ziel in einer optimalen Weise zu erreichen. Was würden Sie dann anderes tun ...?«

Das Ziel des Coachs ist es also, den Coachee mit den Auswirkungen des unmittelbaren Ziels zu verbinden, mit dem, was hinter dem Ziel wartet. Daher kann es geschehen, dass sich auch das Ziel etwas verschiebt. Frau K.s Ziel bestand zu Beginn darin, irgendwie mit der Arbeitssituation klarzukommen. Doch dieses Ziel war noch aus der Perspektive des »Problemlösens« heraus formuliert. Diese anfängliche Perspektive hat sich im lösungs(er)schaffenden Rahmen, durch die Wunderfrage, verändert. Es wurde ihr klar, dass sie sich wünscht, respektiert zu werden, stolz auf sich sein zu können und besser auf sich und ihre Ressourcen achtzugeben.

EXPERIMENT

Halbzeit-Experiment

Diese Version des Experiments können Sie in Ihrer regulären Coaching-Praxis ausprobieren. Wir schlagen vor, Sie probieren es einmal eine Woche oder einen ganzen Monat lang aus.

Was auch immer die erwartete Länge des Coachings sein mag, verpflichten Sie sich auf jeden Fall, die Wunderfrage zu stellen, und zwar genau in der Mitte der Besprechung.

Beobachten Sie genau, was vor und nach der Wunderfrage möglich geworden ist.

Oft erlaubt dieses Experiment herauszufinden, wann die Wunderfrage angemessen ist, und wann es hilfreich ist, sie zu stellen. Es kann sein, dass Sie feststellen, dass die Wunderfrage auch dann nützlich ist, wenn Sie es nicht erwartet haben.

Legen Sie Notizen zu Ihren Entdeckungen an!

7. Funktionierende Vorboten

Diese dritte Phase eines Coaching-Gesprächs ist so zugeschnitten, dass sie das Vertrauen und die Zuversicht des Coachees in seinen Plan stärkt. Wenn der Kunde sich einmal über das Leben klar geworden ist, das er wirklich bestreiten möchte, ist es nützlich, herauszufinden, ob die Vorhaben des Kunden realistisch sind und wie diese erreicht werden können.

Dazu hilft ein spezifischer Blick in die Vergangenheit. Im Kurzzeitcoaching geschieht dies mit einem ganz speziellen Fokus: Wir suchen nach Beispielen, nach Begebenheiten, in denen der Coachee schon ein klein wenig von seinem gewünschten Zielzustand erfahren hat. Beispiele, die schon in die gewünschte Richtung funktioniert haben, oder Erfahrungen, die wie kleine Augenblicke des Futur Perfekts in der Wirklichkeit gemacht wurden.

Manchmal finden Sie in der Literatur des lösungsfokussierten Coachings auch den Ausdruck »Ausnahmen«. Ausnahmen bezeichnen Zeiten, in denen das Problem nicht oder weniger heftig auftauchte beziehungsweise Hindernisse erfolgreich überwunden werden konnten. Wenn man solche Beispiele einmal gefunden hat, kann man sie nutzen, um mehr darüber herauszufinden, wie der Coachee dazu beigetragen hat, diese Ausnahmen möglich zu machen. Sobald klar ist, was in einem spezifischen Moment funktioniert hat, und der Kunde weiss, wie er das hinbekommen hat, wird es leichter, mehr von dem zu tun, was nützlich war.

Manchmal nennen wir diese Gesprächsphase auch die »Rückenwind-Phase«: Wie ein Segler, der sein Ziel genau kennt, geht es jetzt darum, sein Schiff auszurichten und die Segel in den Wind zu stellen – damit die volle Kraft des Rückenwindes, der vorhandenen Ressourcen und Kompetenzen, genutzt werden kann.

Für Ihren Werkzeugkoffer

<u>Nach Vorboten des Wunders fragen:</u>

- Wann war kürzlich eine Zeit, in der etwas passiert ist, das schon ein kleines bisschen wie das Wunder war, über das wir gerade gesprochen haben?
- Welche Beispiele gibt es noch?
- Wie haben Sie das geschafft? Was haben Sie dazu beigetragen, dass dies möglich wurde?

Coaching in Action
Frau K.

Als der Coach nach bereits existierenden Vorboten des Wunders fragte, beschrieb Frau K., sie sei vor ein paar Wochen in der Sauna gewesen und vor ein paar Tagen mit einer früheren Kollegin Essen gegangen.

Coach: »Oh, wirklich? Ich wette, das war nicht leicht, sich aus dieser müden Einsamkeit, die Sie beschrieben haben, zu befreien. Wie haben Sie das denn geschafft?«

Frau K.: »Die Idee, zur Sauna zu gehen, kam mir einfach bei der Arbeit. Ich weiss noch, dass ich über etwas sehr wütend war, was Herr F. gesagt hatte, und so dachte ich mir: Genug ist genug', und bin an diesem Nachmittag sogar früher gegangen.«

Coach: »Also haben Sie sich irgendwie dazu entschlossen, gut für sich selbst zu sorgen.«

Im Gespräch nahmen sich Coach und Coachee etwas Zeit, um die Details dieser Vorboten des Wunders genauer anzuschauen. Dadurch fing Frau K. an, für sich zu entdecken, dass sie bei der Arbeit ruhiger bleiben und dem ganzen Druck besser etwas entgegensetzen konnte, wenn sie sich vorher etwas Gutes tat. Diese Erkenntnis zeigte dann andere Teile des Wunders auf; Situationen, in denen sie es geschafft hatte, Dinge, die schiefgelaufen waren, weniger persönlich zu nehmen. Frau K. fiel sogar ein einziges kleines Beispiel ein, wo Herr F. sie gelobt hatte. Bei der Untersuchung dieses Ereignisses fand Frau K. plötzlich heraus, wie sie sehr elegant zu diesem »Riesenwunder« beigetragen hatte – und sie war begeistert.

Je mehr Beispiele von Vorboten und kurzem Aufscheinen einer Lösung in der Erinnerung des Coachees auftauchen, desto besser. Jedes Beispiel bringt wertvolle Informationen über mögliche Handlungen und Wahlmöglichkeiten mit sich, die im Alltag bewiesenermassen schon funktioniert haben.

Oft sind funktionierende Vorboten wie zart keimende Blumen, die im Dickicht der Probleme der Lösung entgegenwachsen.

Ein sanftes Tippen auf die Schulter

Den Kunden nach Vorboten und Ausnahmen zu fragen ist, wie wenn der Coach ihm sanft von hinten auf die Schulter tippt und ihn dazu einlädt, seinen Kopf ganz leicht etwas nach links oder rechts zu bewegen, um in eine etwas andere Richtung zu schauen.

Zu Beginn eines Gesprächs gilt es, als Coach den gleichen Blickwinkel wie der Kunde einzunehmen und die Wirklichkeit aus derselben Perspektive zu betrachten. Sie erkennen mit einer klar bejahenden Haltung alles an, was Ihr Kunde zunächst sieht und worüber er spricht. Sie bestätigen, dass Sie die Hindernisse sehen und dass es nicht immer einfach ist. In einer zweiten Phase erlauben Sie sich als Coach, ganz sanft auf die Schulter des Coachees zu tippen. Sie zeigen dabei in eine leicht andere Richtung und fragen: »UND, sagen Sie mir, was gibt es denn für Sie dort drüben zu entdecken? Lassen Sie uns darüber reden, was schon gut funktioniert.« Dies ist eine Einladung des Coaches, den Blickwinkel zu erweitern und Neues zu entdecken.

Die bemerkenswerte Fähigkeit, schwierigste Situationen auszuhalten

Eine besondere Ressource, die sich oft zeigt, wenn man Vorboten des Wunders und die damit verbundenen Ressourcen untersucht, ist die Fähigkeit des Coachees, auch schwierigste Situationen auszuhalten und trotz allem noch zurande zu kommen.

Es gibt Beschränkungen im Leben, die nicht gelöst werden können. Im Beispiel von Frau K. konnte der Coach zur Zeit des ersten Coachings noch nicht sicher sein, ob sich ihre Situation am Arbeitsplatz verbessern würde oder ob es wirklich etwas gab, das sie aktiv dazu beitragen konnte. Und mit

Sicherheit hatte der Coach keinen Einfluss auf die Arbeitsmarktsituation und die Chancen von Frau K., eine neue Stelle zu finden. Es hätte sein können, dass sie sich mit ihrem aktuellen Job einfach hätte abfinden müssen. Deswegen ist es angebracht, den Vorboten des Wunders genaue Beachtung zu schenken. Diese zeigten, wie Frau K. in der Lage gewesen war, eine unverändert schwierige Situation zu meistern. Eine ihrer wertvollsten Ressourcen angesichts einer nicht so rosigen Zukunft konnte sein, mehr von dem zu tun, was ihr hilft, »die Pfeile und Schleudern des wütenden Geschicks« (Shakespeare) zu erdulden. Tatsächlich fielen Frau K. Vorboten ein, die mit ihrer Fähigkeit, ihre schwierige Situation besser auszuhalten, verbunden waren. Wäre sie nicht alleine darauf gekommen, hätte der Coach mit einer Variation der Fragen reagiert und nicht nur leise auf ihre Schulter gestupst, sondern etwas herzhafter geklopft. Wir nennen diese Art von Fragen auch Coping-Fragen (to cope with somebody = jemandem gerecht werden):

»Was du da gerade durchmachst, ist ja unglaublich. Dass du überhaupt jeden Morgen aufstehen kannst und trotz all dieser Schwierigkeiten zur Arbeit gehst, ist wirklich erstaunlich. Ich frage mich ehrlich, wie bekommst du das hin?«

Mit dieser Frage geht es darum, ganz bewusst zu beleuchten, welche Ressourcen der Coachee in der aktuellen Situation schon zeigt, um somit ganz einfach das Vorhandene zu stärken.

Für Ihren Werkzeugkoffer

Coping-Fragen:

- Wie schaffen Sie es, mit der Situation zurechtzukommen?
- Wie finden Sie die Zuversicht und Hoffnung, weiterzumachen?

Komplimente für Ressourcen

In diesem Abschnitt haben wir die verschiedenen Möglichkeiten betrachtet, wie man dem Kunden helfen kann, Vertrauen und Zuversicht in das, was er erreichen möchte, zu entwickeln. Oft sind wir in einer sehr angenehmen Art betroffen, wenn wir während eines Gesprächs ungeahnte Stärken bei unserem Kunden ausmachen. Obwohl es nicht unbedingt zu unserer Arbeitskultur gehört, wagen wir es dann, Komplimente auszusprechen. Coaching-Kunden zeigen persönliche Qualitäten und Erfahrungen, die von grossem Nutzen beim Meistern von Schwierigkeiten sein können. Diese Qualitäten oder Ressourcen – Widerstandsfähigkeit in schwierigen Zeiten, die Fähigkeit, hart zu arbeiten, Humor, die Bereitschaft, anderen zuzuhören und zu helfen, präzise Projektplanungen zu erstellen, das Interesse mehr zu lernen – bilden die nützliche Basis für Veränderungsprozesse.

Komplimente müssen ernst gemeint sein und nicht als manipulativer Kommunikationstrick angewendet werden. Davon absehen sollte man, wenn man nur »freundlich« oder »nett« sein möchte. In solchen Fällen wird der Coach schnell unglaubwürdig. Hilfreiche Komplimente gründen sich auf realen Begebenheiten und entspringen dem, was der Gesprächspartner wörtlich oder durch sein Verhalten kommuniziert.

Im Coaching haben Komplimente eine ungeahnte Kraft. Sie fördern die Hoffnung und die Zuversicht für die anstehenden Entwicklungsschritte. Darüber hinaus beleuchten sie die Stärken und Erfolge in der Vergangenheit, die zum Erreichen der Ziele hilfreich sein können.

Sie werden das eben Erläuterte gewiss aus eigener Erfahrung kennen. Erinnern Sie sich an ein Kompliment, das Sie in Ihrer Kinder- oder Jugendzeit erhalten haben? Meist haben diese Komplimente noch heute Wirkung auf unser Selbstbild, eventuell gar auf unseren heutigen Beruf.

Nehmen Sie sich als Coach also auch Zeit, um Komplimente darüber zu machen, wovon Sie beeindruckt sind. Sie stärken damit die Zuversicht und das Vertrauen. In unserer Erfahrung ist es unabhängig von der Person oder der Kultur die beste und wirkungsvollste Bestärkung für den Kunden, die man als Coach geben kann, wenn man ihn bittet, über das zu sprechen, worauf er stolz ist, und diese Aussagen mit ernst gemeinten Komplimenten bestärkt.

Skalierungsfragen

Coaching in Action
Komplexität auf den Punkt bringen

An diesem Punkt der zuversichtlichen Gespanntheit auf Frau K.s Seite schien es angebracht, die neu entdeckten, funktionierenden Dinge und die hilfreichen Ressourcen, die sie gerade an sich selbst wiederentdeckt hatte, zu verankern.

Coach: »Nachdem ich gehört habe, was Sie gerade gesagt haben, lassen Sie mich Ihnen noch eine weitere etwas merkwürdige Frage stellen: Nehmen wir eine Skala von 1 bis 10. 1 auf der Skala ist der Moment, in dem Sie als Erstes mit den Veränderungen am Arbeitsplatz konfrontiert waren, und 10 steht für den Morgen nach dem Wunder. Wo befinden Sie sich jetzt auf dieser Skala?«

Frau K. sagte, dass sie schon auf der 3 sei. Der Coach bat sie, die Unterschiede zwischen ihrer momentanen 3 und der 1 vom Anfang zusammenzufassen. Gemeinsam sammelten sie Dinge, die auf dem Weg von 1 bis 3 hilfreich gewesen waren.

Coach: »Und die Beispiele, über die Sie geredet haben, die Sauna, das Abendessen, das Lob von Herrn F., wo waren die auf der gleichen Skala von 1 bis 10?«

Frau K.: »Das Abendessen war bei 6, die Sauna bei 7, weil ich mich da ganz alleine dazu entschlossen hatte. Und Herrn F. dazu zu bringen, mich zu loben, war ganz klar auf einer 9.«

Skalierungsfragen sind ein wunderbares und leicht anzuwendendes Werkzeug, um das Gesamtbild des Fortschritts zu zeichnen. Oft berichten Kunden, dass das Skalieren ihnen geholfen habe, die Distanz, die sie schon überwunden hatten, zu visualisieren. Hilfreich ist auch, sich daran zu erinnern, dass es schon Zeiten gab, wo sie es geschafft hatten, viel höher auf der Skala zu sein. Dadurch dass sie sich dann einiger tatsächlich geschehener Beispiele bewusst werden, wird auch ihre Zuversicht gestärkt. »Wenn ich es schon einmal geschafft habe, dies möglich zu machen, gibt es eine realistische Chance, dass ich damit weitermachen kann, mehr davon zu tun.«

Im Kurzzeitcoaching gehen wir davon aus, dass es für Menschen viel einfacher und Erfolg versprechender ist, wenn wir Veränderungen darauf aufbauen, was schon einmal funktioniert hat. Wir denken nicht, dass Kunden etwas völlig Neues lernen sollen oder Verhaltensweisen total geändert werden müssen, um Ziele zu erreichen. Vielmehr sind wir davon überzeugt, die vorhandenen Ressourcen wiederzuentdecken und zu nutzen. Darum sind Erfahrungen, in denen »es« bereits gelungen ist, ein wichtiger Teil eines Coaching-Gesprächs.

Für Ihren Werkzeugkoffer

Skalierungsfragen 1:

- Auf einer Skala von 1 bis 10, wo würdest du sagen, dass du im Moment bist, wenn die Skala den Fortschritt zeigt, den du erreichen möchtest?

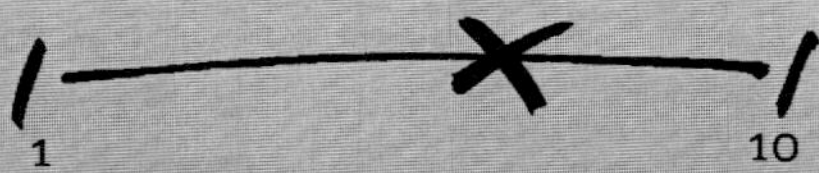

- Was ist jetzt anders, wenn man es damit vergleicht, als du auf 1 warst?

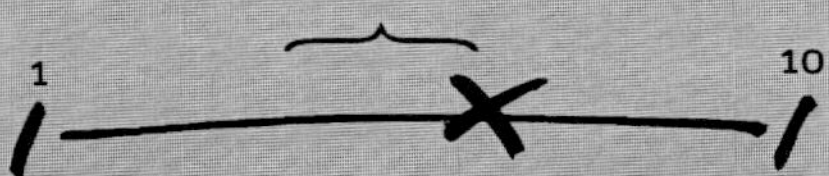

- Was hat dir geholfen, von einer 1 dort hinzukommen, wo du jetzt bist?
- Die Beispiele, die du als Vorboten der Lösung genannt hast, wo waren die auf der Skala?
- Wenn ich deinen besten Freund/deine beste Freundin frage, wo du auf der gleichen Skala bist, was würde er/sie erzählen und was würden sie an deinem Fortschritt bewundern?

EXPERIMENT

Tagebuch des pfleglichen Umgangs mit mir selbst

Wir haben für unsere Workshopteilnehmenden eine Tagebuchaufgabe entworfen, die sich als sehr hilfreich für schnelleres und leichteres Lernen von Coaching-Kompetenzen erwiesen hat.

Wir wissen nicht, wie Sie es machen – bei einigen unserer Workshopteilnehmenden haben wir bemerkt, dass sie manchmal nur das zu beobachten scheinen, was sie »falsch« gemacht haben. Wir haben daher ein kleines Tagebuch erstellt, das wir den Teilnehmenden am ersten Abend ihres Coaching-Kurses geben. Es ist einfach ein ganz normales Tagebuch, wie man es überall kaufen kann, nur trägt es einen speziellen Aufkleber: »Tagebuch des pfleglichen Umgangs mit mir selbst.« Wir erklären den Teilnehmenden lang und breit, dass dies kein gewöhnliches Tagebuch ist, sondern dass wir Jahre der Forschung zusammen mit der Papierindustrie damit verbracht haben, ein ganz spezielles und ungewöhnliches Papier zu entwickeln. Die oberste Schicht des Papiers ist nämlich so hergestellt, dass es nur dann etwas sichtbar macht, wenn das Geschriebene von Ressourcen, Vorboten, positiv formulierten Zielen und nächsten kleinen Schritten handelt. Informationen über wahrgenommene eigene Defizite, Hindernisse, Dinge, die misslangen, hinterlassen wiederum einfach keine sichtbare Spur auf dem Papier und können daher nicht in dieses spezielle Tagebuch hineingeschrieben werden.

Die Teilnehmenden haben nun jeden Abend Zeit, ihren Tag und ihr Lernen in dieser besonderen Weise zu reflektieren und Tagebuchnotizen darüber anzulegen.

Wir schlagen Ihnen vor, sich so ein Tagebuch zu kaufen. Manche Läden haben unsere spezielle Tagebücher nicht auf Lager – wenn Sie also auf einen solchen Laden treffen, zögern Sie nicht, sich trotzdem ein Tagebuch zu kaufen und einfach ANZUNEHMEN, dass es eines dieser besonderen Tagebücher ist. TUN SIE SO, als wäre es das Papier des pfleglichen Umgangs, wenn Sie dort hineinschreiben.

8. Kleine Schritte hin zum Ziel

Nach der Erforschung des Futur Perfekts sowie der Ressourcen des Coachees soll die nächste Gesprächsphase eines typischen Kurzzeitcoachings dem Coachee mehr Wahlmöglichkeiten und eine klare Idee für erste kleine Schritte vermitteln.

Vor einigen Jahren trafen wir Sir Edmond Hillary auf einer Konferenz über Führung. Er ist einer der ersten Menschen, die einen Fuss auf den Gipfel des Mount Everest gesetzt haben. Sir Edmond Hillary sprach über die Führungsqualitäten, die es brauchte, um Erfolg bei etwas zu haben, was niemand zuvor getan hatte. Er sagte, dass das, was er und Sherpa Tensing damals gemacht hätten, aus der Sicht eines professionellen Bergsteigers heute fast lächerlich und sehr amateurhaft aussähe. »Wir hatten eine sehr einfache Ausrüstung und sehr primitive Klettertechniken. Das Einzige, was wir wirklich gut konnten, war, eine Stufe nach der anderen in Schnee und Eis zu schneiden. In aller Bescheidenheit kann ich sagen, dass wir darin Weltmeister waren, einfach immer die nächste kleine Stufe zu schneiden, die uns erlaubte, den nächsten kleinen Schritt Richtung Ziel zu machen.«

In einem Kurzzeitcoaching ist es wichtig, sicherzustellen, dass Ihr Kunde am Ende der Sitzung über verschiedene Wahlmöglichkeiten verfügt, wie er seine nächsten kleinen Stufen formen möchte, die ihn zu seinem Ziel führen werden.

Coaching in Action
Kleine Schritte mit Frau K.

Da sich der Coach im Coaching mit Frau K. schon zuvor mit Skalierungsfragen befasst hatte, passte es gut, an dieser Stelle mit Skalierungen weiterzuarbeiten.

Coach: »Frau K., auf dieser Skala von 1 bis 10 – Sie hatten gesagt, dass Sie jetzt gerade auf einer 3 sind –, woran erkennen Sie, wenn Sie einen Schritt höher sind, also von einer 3 auf eine 4 gekommen sind?«

Sie sagte, dass sie dann mit Sicherheit wisse, dass sie einen Schritt weiter sei, wenn sie zuversichtlicher und mit mehr Selbstvertrauen auf Stellenanzeigen antworten könne. Mit Selbstvertrauen würde sie sich nämlich nur auf Anzeigen melden, die für sie attraktiv klängen und bei denen sie viel von ihren Erfahrungen und *Ressourcen einbringen könne. Sie würde alle Bewerbungen sein lassen, die sie bisher ohne wirkliches Interesse geschrieben habe, nur aus der Angst heraus, nichts Besseres zu finden. Beim Formulieren ihrer Bewerbungen bemerke sie, dass sie sich an Gelegenheiten erinnerte, bei denen sie für ihre Arbeit anerkannt worden sei. Dann könne sie aus einem Gefühl von Würde, Bescheidenheit und Stolz heraus schreiben.*

Sie wäre auch einen Punkt höher, wenn sie sich nach der Arbeit zu Hause frisch genug fühlte, mindestens einmal pro Woche abends auszugehen. Bei der Arbeit sei sie sich nicht sicher. Sie glaube, dann vielleicht eine Art schützende, innere Distanz zu haben und möglicherweise tagsüber gerader auf ihrem Stuhl sitzen zu können. Oder eventuell würde sie sich sogar ein bisschen zurücklehnen, sodass sie sich auf einen kleinen Sicherheitsabstand – eine Art Airbag – verlassen könne, falls es zu Konfrontationen zwischen ihr und ihren Vorgesetzten käme.

Das Potenzial der Raupe kann nicht mit Flugstunden erreicht werden, sondern nur durch die Entwicklung zum Schmetterling.

Coach: »Ich bin beeindruckt, wie klar Sie sich über diese sichtbaren Unterschiede sind, die Ihnen sagen werden, dass Sie sich einen Punkt höher auf Ihrer Skala befinden. Welcher Punkt wäre für Sie am nützlichsten, wenn wir ihn noch etwas genauer ausmalten?«

Frau K.: »Wahrscheinlich diese Airbag-Situation. Ich möchte wirklich wissen, wie ich mich an langen Arbeitstagen anders verhalten kann, damit es für mich gesünder ist.«

Coach: »Okay, wir wollen uns einmal Dinge anschauen, die Sie vielleicht an sich bemerken, Dinge, die Sie anders machen würden, wenn Sie den Airbag hätten. Was wäre ein kleiner Schritt in diese Richtung?«

»Jedem Anfang wohnt ein Zauber inne ...«

(H. Hesse)

Ein hoch respektierter Kollege von uns, Jürgen Hargens, hat ein Buch mit dem Titel »Aller Anfang ist ein Anfang« veröffentlicht. Er belegt mit vielen Beispielen aus seiner Coaching-Praxis, dass es sich bei allem, was wir tun, wenn wir mit Kunden zusammenarbeiten, nur um Anfänge handeln kann – in jeder Sitzung ein kleines Stück Neuanfang. Wir können nicht wissen, was Coachees beim Verlassen unseres Büros begegnen wird oder wie sich die Situation verändert hat, wenn sie zur nächsten Sitzung kommen. In diesem Sinn beginnt jede Sitzung an einem neuen Standpunkt im Leben, und der neue Ort, auf den es zugehen könnte, scheint oft gerade erst am Horizont auf. Ein hübsches Wortspiel steckt in Jürgens Buchtitel. Wir kennen das Sprichwort »Aller Anfang ist schwer«: Dieses Sprichwort könnte auch aufzeigen, wie die Kultur in deutschsprachigen Ländern mit Anfängen umgeht, und damit auch mit Veränderung allgemein. Sein Titel öffnet eine ganz neue Perspektive. Natürlich steckt auch im deutschen Sprichwort ein Stück Wahrheit, insofern es für Frau K. nicht einfach ist, in eine wünschenswertere Zukunft einzutreten. Wäre es so leicht, hätte sie das sicher schon vor langer Zeit getan.

Jürgen Hargens Version des Sprichworts erinnert uns Coaches daran, uns auf den Anfang dessen zu konzentrieren, was Frau K. jetzt in der wirklichen Welt nach unserer Sitzung anders tun wird.

Für Ihren Werkzeugkoffer

Nach ersten kleinen Schritten fragen:

- Woran würden Sie merken, dass Sie einen kleinen Schritt höher auf der Skala sind?

- Wie würden es andere Menschen in Ihrer Umgebung merken?
- Was würden Sie tun, was Sie heute noch nicht tun?
- Wenn Sie diesen Raum hier verlassen, was wäre ein erstes kleines Zeichen, dass Sie auf dem Weg Richtung oben auf der Skala sind?
- Angenommen Sie könnten auf Ihrer Skala in den nächsten Tagen auf einem Punkt höher bleiben, was würde als Folge davon passieren? Wie würden Sie dann anderes reagieren?
- Was von dem, das Sie in der Vergangenheit schon erfolgreich getan haben, können Sie ab morgen am leichtesten häufiger tun?
- Es wird sicher normale Rückschläge, Hochs und Tiefs geben, das ist fast garantiert: Wie können Sie sich selbst unterstützen, damit Sie an den nächsten kleinen Schritten dranbleiben?

Unterschiede im Sprachgebrauch machen einen Unterschied

Man kann Coachees auf viele unterschiedliche Weisen nach nächsten kleinen Schritten fragen. Wir laden Sie hier ein, einen ganz genauen Blick darauf zu werfen, wie Sprache verwendet wird. Wenn Sie sich der wachsenden Anzahl von Möglichkeiten, Fragen zu formulieren, bewusst werden, erweitern Sie auch Ihr Repertoire für verschiedene Situationen.

Kurzzeitcoaches fragen oft, wie Coachees es ERKENNEN werden, dass sie einen Schritt höher auf der Skala sind. Das ist eine andere Frage als: »Was müssen Sie tun, um einen Schritt höher zu kommen?« Während die erste Frage davon handelt, herauszufinden, wo die Kunden hinmöchten, handelt die zweite davon, wie man dort hinkommt oder bereits hingekommen ist.

Unser britischer Kollege Harry Normann erzählt von einem Kunden, der fast beleidigt reagiert hatte, als er gefragt wurde: »Was müssen Sie also tun, um einen Schritt weiterzukommen?"

Der Kunde antwortete: »Meinen Sie, ich bin blöd? Glauben Sie wirklich, ich sässe hier in dieser Coaching-Sitzung, wenn ich eine Antwort auf diese Frage hätte? Das ist Ihr Job!«

Harry entschuldigte sich sofort und fragte, ob er eine andere Frage stellen dürfe. Der Kunde bejahte und Harry fragte Folgendes: »Woran werden Sie merken, dass Sie einen Schritt weiter sind?«

Der Kunde lächelte und sagte: »Stimmt, das ist eine Frage, die nur ich beantworten kann.«

Mit dem Gebrauch des Verbs »(be)merken" wird das kreative und ressourcenorientierte Potenzial des Coachees aktiviert. Gerade wenn es (noch) nicht an der Zeit ist, etwas über die nächsten Handlungen herauszufinden, kann dies hilfreich sein. Denn sobald man ein Lösungsmuster hat, also eine konkrete Vorstellung davon, was anders sein wird, ist es einfacher, darüber nachzudenken, was man tun muss, um dort hinzukommen.

Von der Wichtigkeit des KLEINEN

Coaching in Action
Sägewerk in Kanada (von unserem Kollegen Allan Kay in Toronto)

Zwei Teams einer Sägemühle liessen sich lösungsorientiert coachen: die Verkaufsabteilung in Toronto und die 500 Meilen weiter nördlich, tief im Wald gelegene Produktionsabteilung. Die beiden Abteilungen hatten Konflikte, weil die Produktionsplanung oft nicht mit den Spezifikationen der Kundenbestellungen übereinstimmte. Keine einfache Aufgabe. Immer wieder gab es böse Unterhaltungen der Art: »Ich habe Ihnen doch gesagt, dass der Kunde es so haben wollte!« Antwort: »Nein, haben Sie nicht, und übrigens können wir es diese Woche auch gar nicht machen.« Es wurde damit gedroht, die Sägemühle zu schliessen, wenn die Verkaufszahlen weiter sinken würden – für die Stadt, in der die Sägemühle ansässig war und viele Leute beschäftigte, hätte dies das wirtschaftliche Ende bedeutet. Die beiden Teams trafen sich und fanden heraus, dass sie – was für eine Überraschung – viel gemeinsam hatten. Auch in der Vergangenheit hatten sie schon gut zusammengearbeitet – wenn es nötig gewesen war.

Die Frage, die ich den Teams am Ende des Coachings stellte, lautete: »Wenn Sie über ein paar einfache Dinge nachdenken, von denen Sie bemerken, dass Sie sie anders tun, was würde am Montagmorgen als Erstes passieren? Bitte achten Sie darauf, nur so wenig wie möglich zu verändern!«

Eine aus Verkauf und Produktion zusammengesetzte Gruppe kam überein, eine Telefonkonferenz abzuhalten, um das Bestellformular anzupassen, insbesondere die Auslieferungsanweisungen. Das war eine von vier kleinen Aufgaben, die sie sich für Montag und die darauffolgenden Tage vorgenommen hatten.

Ein Jahr später berichtete der Kunde, es habe sich viel verändert, und es seien die kleinen Veränderungen gewesen, die den grossen Unterschied gemacht hätten.

Wir danken Alan Kay an dieser Stelle für seine Geschichte, die zeigt, wie kleine Veränderungen an einem Bestellformular Grosses bewirken können, vielleicht sogar dazu beigetragen haben, eine Sägemühlenstadt vor dem Aussterben zu bewahren.

Viele Erfahrungen zeigen, dass oft schon ganz kleine Veränderungen in einem System grosse Auswirkungen haben! Also lieber klein, realistisch, bescheiden und dafür machbar planen.

Beachten Sie, dass die Betonung darauf liegt, die Veränderungen KLEIN zu halten. Wir alle kennen Besprechungen, in denen wir plötzlich enthusiastisch grosse Dinge besprechen, die getan werden müssten – bis wir uns nach der Sitzung irgendwann von der alten täglichen Routine überwältigt fühlen und wenig Zeit finden, grosse Projekte anzugehen. Die Wahrscheinlichkeit, dass Ideen tatsächlich zur Umsetzung kommen, ist viel grösser, wenn kleine Dinge in tägliche Aktivitäten eingebettet werden und man damit recht bald beginnt, denn »jeder Anfang ist ein Anfang«.

Über kleine Schritte zu sprechen bewirkt zudem oft, dass Druck vom Kunden wegfällt. Wenn Coachees kommen, die stark unter Druck stehen, z. B. Stellensuchende oder Kunden, die ihr Zeitmanagement besser in den Griff bekommen wollen, ist es hilfreich, nach kleinen Schritten zu fragen, die hinderlichen Druck (»Bis jetzt habe ich alles falsch gemacht, und es wird anstrengend sein, diesen nächsten grossen Schritt zu tun!«) reduzieren und die Wahrscheinlichkeit von ersten kleinen Erfolgen erhöhen.

Coaching in Action
Konkrete Handlungen mit Frau K.

Frau K. hatte sich also dafür entschieden, mehr über die neue Idee mit dem »Airbag« herauszufinden.

Frau K.: »Ich denke, ich wäre gerne ein bisschen gleichgültiger. Nicht ganz natürlich, weil ich ja gute Arbeit leisten möchte, aber vielleicht ein bisschen mehr, jedenfalls Dingen gegenüber, die ich nicht ändern kann.«

Coach: »Ich weiss, dass Sie Ihre Arbeit gut machen möchten. Was genau wäre ein Schritt in die richtige Richtung?«

Frau K.: »Am letzten Dienstag z. B. kam Herr F. herein, schmiss einen Stapel Berichte auf meinen Schreibtisch und sagte, dass sie sofort gemacht werden müssten. Ich konnte einfach nicht anders, ich musste weinen, als er gegangen war. Das war einfach zu viel. Ich kann die beiden Vorgesetzten einfach nicht gleichzeitig zufriedenstellen! Herr W. hatte mir nämlich kurz davor ebenfalls eine Notfallsache gegeben, die sofort rausmusste. Ich kann doch nicht alles auf einmal tun!«

Coach: »Ich sehe, dass das nicht immer einfach für Sie ist. Wie wäre es also, wenn Sie so einen kleinen Airbag, von dem Sie gesprochen haben, zur Hand hätten?«

Frau K.: »Dann würde ich mir wahrscheinlich sagen, dass das Einzige, was ich tun kann, ist, mein Bestes zu geben.«

Coach: »Angenommen Sie würden sich nur das sagen, was würde das für einen Unterschied machen?«

Frau K.: »Ich wäre wahrscheinlich entspannter.«

Coach: »Gesetzt den Fall Sie würden sich sagen: ›Ich mache es einfach, so gut ich es kann‹, und Sie fühlten sich deshalb entspannter, was würden Sie dann in einer ähnlichen Situation tun?«

Frau K.: »Wissen Sie was? Ich würde wahrscheinlich eine kurze Pause machen, eine Tasse Kaffee holen, bevor ich irgendetwas anderes tue.«

Coach: »Eine kurze Pause machen ..., ich verstehe. Also Herr F. legt seine Berichte auf Ihren Tisch und ...«

Frau K.: »Ja, ich denke, das Wichtigste wird sein, aufzustehen, sobald er gegangen ist. Sodass ich nicht hinter meinem Schreibtisch steckenbleibe. Wahrscheinlich weiss ich nicht, was ich zu Herrn F. sagen soll, aber das ist schon in Ordnung. Erst muss ich einmal aufstehen und mich bewegen. Und dann nehme ich mir Zeit, um herauszufinden, was ich als Nächstes tun soll. So weiss ich sicher, dass ich es so gut mache, wie ich kann. Und vielleicht erinnere ich mich auch an unsere Unterhaltung und habe das Gefühl, dass es darum geht, gut auf mich aufzupassen und erst einmal einen Sicherheitsabstand zu gewinnen.«

Coach: »Das wären also alles klare Zeichen dafür, dass Sie Ihren Sicherheitsairbag gut installiert haben. Was würde Ihnen im Laufe des Tages noch sagen, dass Sie auf dem Weg zu kleinen nächsten Schritten sind?«

Nach ein paar detaillierten Beschreibungen nächster Schritte fragte ich Frau K., ob es etwas gäbe, was man noch anschauen könnte. Das war aber nicht der Fall.

Aktionsplan: Ein weites Feld von Möglichkeiten auf den Punkt gebracht

Besonders in geschäftlichen und Managementzusammenhängen sind wir daran gewöhnt, Besprechungen zu beenden, indem wir eine Vielzahl von Optionen in einen klaren, mit Punkten versehenen Aktionsplan verwandeln. Wir haben gelernt, dass klar formulierte Ergebnisse, ordentlich verteilte Verantwortlichkeiten und genaue Deadlines dabei helfen, etwas zu erreichen.

»Handle stets so, dass die Anzahl deiner Wahlmöglichkeiten grösser wird.«
Gregory Bateson

Viele Coaches bitten ihre Kunden am Ende der Sitzung, ihnen innerhalb von 24 Stunden eine Zusammenfassung der Sitzung zu mailen und die Handlungen aufzuschreiben, zu denen sie sich entschlossen haben. Und manchmal sendet der Coachee 24 Stunden vor der nächsten Sitzung noch eine E-Mail, in der das Erreichte steht.

Nach der Definition der International Coach Federation[4] ist es eine der elf Coaching-Kernkompetenzen, den Coachee effektiv dabei zu unterstützen, Dinge umzusetzen. Eine respektvolle Art, diese Unterstützung anzubieten und den Kunden immer noch als Experten für seine eigene Lösung anzuerkennen, ist zu fragen: »Wie kann ich Sie dabei unterstützen, die Verantwortung für das zu übernehmen, was Sie sich entschlossen haben zu tun?«

Wahlmöglichkeiten eröffnen

Da dies ein Buch über Kurzzeitcoaching ist, möchten wir eine andere Perspektive für den Umgang mit nächsten Schritten anbieten. Die oben genannten Möglichkeiten funktionieren sicher gut, um kleine Schritte Realität werden zu lassen. Kurzzeitcoaches öffnen jedoch das weite Feld der möglichen Handlungen, OHNE den Kunden auf eine oder mehrere spezifische Aktionen festzunageln. Mit dieser Einstellung vertraut der Coach darauf, dass der Coachee das, was in der jeweiligen Situation am besten passt, aus der Reihe der Möglichkeiten richtig auswählen wird, und er geht davon aus, dass diese Wahlmöglichkeiten nicht immer geplant und vorhergesehen werden können. Als Kurzzeitcoaches respektieren wir also den Kunden auch in der Umsetzung als den wahren Experten für das, was für ihn passt.

Eine grosse Zahl an Wahlmöglichkeiten zu schaffen, statt diese zu limitieren, ist besonders dann hilfreich, wenn man darüber nachdenkt, wie man ein Coaching kurz (und effektiv) halten kann. Die Rolle des Coaches ist es ja zum einen, den bestmöglichen Anfang von etwas Neuem bereitzustellen; und je mehr Möglichkeiten offenbleiben, desto eher wird eine davon passen. Zum anderen kann man nie wissen, ob der Coachee für ein Folgegespräch zurückkommt. Wenn Sie Kunden dazu ermutigen, sich auf wenige Möglichkeiten zu konzentrieren, ist es recht wahrscheinlich, dass etwas, was zunächst sehr Erfolg versprechend ausgesehen hatte, dann doch nicht so gut auf die Realität passt. In Langzeitcoachings ist das Eröffnen von vielen Wahlmöglichkeiten deshalb weniger wichtig, weil man die nächste Sitzung dazu verwenden kann, neue

---

[4] Die International Coach Federation (ICF) ist zur Zeit wohl der bedeutendste und grösste internationale Berufsverband von Coaches mit über 12000 Mitgliedern in 80 Ländern: www.coachfederation.org

Varianten anzudenken. Wenn Sie aber, wie im Kurzzeitcoaching, stets mit »dem Ende vor Augen« arbeiten, gibt es gute Gründe, die Wahlmöglichkeiten so zahlreich und so offen wie möglich zu halten, um dadurch die Erfolgschancen für den Coachee zu erhöhen.

EXPERIMENT

Einige Vorschläge für Ihre Reflektion über Ihre eigenen nächsten kleinen Schritte:

- Nachdem Sie dieses Kapitel gelesen haben, worin fühlen Sie sich bestärkt, es genau so weiterzumachen, wie Sie es vorher getan haben?
- Was von dem, das Sie in der Vergangenheit schon getan haben, könnten Sie ein bisschen öfter tun?
- Wenn es in dem, was Sie gerade gelesen haben, etwas Neues gegeben hat, was Sie in den nächsten Tagen ausprobieren möchten, welche Gelegenheiten kommen Ihnen in den Sinn, die sich dafür anbieten, erste kleine Erfahrungen zu machen?
- Und welche noch?

9. Der Gesprächsabschluss

Wenn Ihre erste Sitzung vielleicht die einzige ist, die Sie mit Ihrem Coachee haben werden, müssen Sie auf jeden Fall zu einem hilfreichen Ende kommen. Bereiten Sie deshalb Ihren Coachee darauf vor, was nach dem Coaching kommt, indem Sie das Coaching sorgfältig abschliessen. Natürlich kann es auch gute Gründe geben, eine Folgesitzung zu vereinbaren. Sie sollten deswegen auch herausfinden, wie sie weitermachen können, wenn der Kunde ein weiteres Gespräch als nützlich erachtet. Es gibt einige Besonderheiten des Kurzzeitcoachings, die man für »Zweit- und Folgesitzungen« im Auge behalten kann. Darauf gehen wir im nächsten Kapitel ein.

Und schliesslich kann es auch Situationen geben, in denen Sie mit dem Coachee mehrmals über das gleiche Thema sprechen. Im Kurzzeitcoaching ist es wichtig, sicherzustellen, dass man weiss, wann man sich voneinander verabschieden muss.

Die letzten Minuten planen

Einige Minuten vor dem Ende einer Coaching-Sitzung könnten Sie als Coach anfangen, über die folgenden Möglichkeiten nachzudenken:

Für Ihren Werkzeugkoffer

Hinweise für die Abschlussphase eines Kurzzeitcoachings:

- **offene Themen**
  Fragen Sie den Kunden, ob es ein Thema gibt, das vor dem Abschluss dieses Gesprächs noch behandelt werden sollte. Eine gute Möglichkeit ist es, direkt danach zu fragen, ob es etwas gibt, was der Kunde vor dem Ende der Sitzung hinzufügen oder noch besprochen haben möchte. Je nachdem, wie viel Zeit noch bleibt, müssen Themen manchmal auch auf die nächste Sitzung verschoben werden.

»Gibt es irgendetwas, was wir vergessen haben zu besprechen und was wir in dieser Schlussphase unseres Gesprächs noch anschauen sollten?«

- **Zielüberprüfung**
  Das Ende ist ein guter Zeitpunkt, um die Aufmerksamkeit zurück auf das Ziel zu lenken, das am Anfang der Coaching-Sitzung vereinbart wurde. Vielleicht möchten Sie Ihren Coachee fragen, inwiefern die Unterhaltung bislang hilfreich war, ihn näher an sein Ziel zu bringen. Vielleicht müssen Sie auch fragen, ob das Ergebnis für den Moment gut genug ist. Oder vielleicht erkundigen Sie sich beim Coachee, was es denn jetzt noch braucht, um zu einem guten Ende zu kommen.
- **auf allfällige Rückschläge vorbereiten**
  Je nach Situation des Coachees kann es auch hilfreich sein, zu besprechen, was er zu tun vermag, wenn er einen Rückschlag erleidet. Denn, so gut es auch gehen kann, gibt es doch in jedem Prozess immer wieder Höhen und Tiefen.
- **Denkpause**
  Kurzzeitcoaches machen an diesem Punkt des Gesprächs häufig eine kurze Pause. Sie erklären dem Kunden, dass sie etwas Zeit brauchen, um über das, was der Coachee gesagt hat, nachzudenken, und dass sie nach der Denkpause mit einem Vorschlag oder einem Kommentar zurückkommen.
- **Kompliment/Wertschätzung**
  Die Denkpause kann eine hervorragende Möglichkeit für den Coach sein, all das zu reflektieren, was der Coachee während der Sitzung Nützliches gesagt oder getan hat. Nach der Denkpause meldet der Coach dem Coachee das zurück, was ihn besonders beeindruckt hat.
- **Experimente**
  Die Denkpause ist auch eine gute Möglichkeit für den Coach, sich eine Hausaufgabe/ein Experiment einfallen zu lassen, die den Coachee auf seinem oder ihrem Weg zum Ziel unterstützen kann.
- **Folgesitzung vereinbaren**
  Manche Coachees finden es hilfreich, wenn sie sofort einen Termin für eine Folgesitzung vereinbaren können. Andere möchten lieber erst dann anrufen, wenn es für sie an der Zeit scheint, einen neuen

Termin zu vereinbaren. Und in manchen Fällen kann man sich sofort darauf einigen, dass kein weiteres Treffen nötig ist.

- **Danke und auf Wiedersehen**
  Zum Schluss braucht es noch die Gelegenheit, dem Coachee zu danken und ihm viel Glück zu wünschen.

Einige der obigen Punkte sind klar und offensichtlich. In unseren Coaching-Weiterbildungen nehmen wir uns für zwei dieser Punkte etwas mehr Zeit: Komplimente und Experimente. Bemerkenswerte Forschungsergebnisse auf beiden Gebieten legen nahe, dass es sich lohnt, einen näheren Blick darauf zu werfen.

Wertschätzende Bestärkung

Bei Kundenumfragen zum Thema, was von dem, was der Coach getan oder gefragt hat, am Hilfreichsten gewesen war, stehen Komplimente als Form der wertschätzenden Bestärkung immer hoch oben auf der Liste.

Komplimente scheinen eine gute Möglichkeit zu sein, wie schon früher erwähnt, Coachees auf ihrem Weg zu unterstützen. Deshalb schliessen wir ein Coaching-Gespräch meistens mit ein paar Sätzen ab, die mit »Ich bin sehr beeindruckt, dass …« beginnen. Dann sagen wir, was er unserer Ansicht nach besonders gut kann, oder nennen Handlungen des Coachees, die besonders hilfreich erscheinen, um das Ziel zu erreichen.

Natürlich beschränken sich die Komplimente nicht auf das Ende der Sitzung. Es

Spätestens am Schluss eines Coaching-Gesprächs ist es eine gute Möglichkeit, all die Ressourcen und Kompetenzen zu benennen, die wir als Coach beim Kunden gehört und festgestellt haben und die uns die Zuversicht geben, dass er damit seine Ziele erreichen wird. Oft kommt da ein ganzer Blumenstrauss an Ressourcen zusammen, den wir wertschätzend übergeben dürfen.

gibt vieles, was Sie als Coach während der Sitzung automatisch tun, das vom Kunden als wertschätzend empfunden wird. Allein die Tatsache, dass Sie mit Ihrer ganzen Neugierde und Aufmerksamkeit an dem interessiert sind, wie der Coachee dies oder jenes schafft, macht einen Unterschied.

Timothy Gallway sagt: »Als Coach glaube ich an das, was ich nicht sehe.« Genau diese Art, den Coachee anzuschauen, die Fähigkeit, an sein Potential zu glauben, selbst wenn er es noch nicht voll zeigt, Ressourcen zu bemerken, die da sind, selbst wenn er sie nicht sehen kann, ist wahrscheinlich das allergrösste Kompliment.

Beim wertschätzenden Bestärken geht es also darum, mit den besonderen Augen eines Coaches zu sehen und dem Potenzial des Kunden sowie dem Prozess der gemeinsamen Arbeit zu vertrauen.

Vorschläge für hilfreiche Experimente

Wenn der Coach dem Coachee eine Hausaufgabe oder ein Experiment vorschlägt, kann dies dazu beitragen, den Weg des Coachees zu seinem Ziel nachhaltig zu unterstützen. Experimente sind besonders im Kurzzeitcoaching wichtig, weil man hier Coachees nur einige wenige Male sieht. Es ist daher noch relevanter, sicherzustellen, dass der Rückenwind, der in der Coaching-Sitzung aufgenommen wurde, auch zwischen den Sitzungen aufrechterhalten werden kann. Eine wissenschaftliche Studie zeigt, dass Experimente sehr hilfreich sind, um die Zahl der nötigen Sitzungen im Rahmen von lösungsfokussierter Kurzzeitberatung signifikant zu senken. Es gibt keine diesbezüglichen Studien im Kurzzeitcoaching, aber unserer Erfahrung nach dürften die Resultate hier ähnlich ausfallen.

	Erfolgsrate	Zahl der Sitzungen
Mit Experiment	86 %	2.9
Ohne Hausaufgabe	86 %	4.2

Wenn etwas funktioniert, tu mehr davon, wenn es nicht funktioniert, tu etwas anderes!

Die Grundregeln für Experimente sind sehr einfach. Tatsächlich ist die erste Regel ein Hinweis für den Coach: »Wenn es nicht kaputt ist, repariere es auch nicht.« Und natürlich weiss der Kunde am ehesten zu beurteilen, was kaputt ist und was nicht. Wenn also etwas kein Problem für den Kunden ist, mischen Sie sich am besten als Coach nicht ein.

Die zweite Regel ist genauso klar: »Wenn das, was der Kunde tut, funktioniert, ermutige den Kunden, mehr davon zu tun.« Ein grosser Teil des Kurzzeitcoachings ist ohnehin ein Gespräch darüber, was funktioniert. Daher liegt es für Kunden sehr nahe, einfach mehr davon zu tun, quasi als Teil einer impliziten Hausaufgabe, die sie sich selbst geben. Coachees Komplimente darüber zu machen, was sie schon an Hilfreichem tun, bestärkt diesen Prozess, und zusätzliche Vorschläge für Experimente sind nicht mehr nötig.

Die dritte Regel besagt: »Wenn ein Kunde etwas tut, was nicht funktioniert, ermutigen Sie ihn dazu, etwas anderes zu tun.« Eine oft angewendete und meist nicht sehr hilfreiche Alternative zu dieser Regel verlangt, mehr vom selben noch intensiver zu tun, nach dem Motto: »Try harder!« Wir kennen alle die Begründung: »Es hat einfach nicht funktioniert, weil du es nicht oft genug probiert hast. Du musst dich also das nächste Mal noch mehr anstrengen.« Nehmen wir das Beispiel eines Angestellten, der nun schon dreimal vergeblich versucht hat, seinen Vorgesetzten davon zu überzeugen, dass er eine Gehaltserhöhung verdient. Wie werden wohl seine Erfolgschancen sein, wenn er es ein viertes Mal mit noch mehr Argumenten, Belegen und Drängeln versucht? Wenn wir also »etwas anderes tun« sagen, meinen wir etwas WIRKLICH ANDERES und nicht mehr dasselbe. Coachees wissen meist am besten, was wirklich anders ist. Wenn man sie fragt, welcher Unterschied in ihrem Verhalten die grösste Überraschung für ihre Umgebung darstellen würde, fallen ihnen meist sehr schnell viele hilfreiche Ideen ein.

»Etwas anderes tun«

Im Kurzzeitcoaching gibt es drei häufig ausprobierte und verlässliche Vorschläge für ein Experiment des Typs »etwas anderes tun«.

Beobachtung

Im Fall der Beobachtungshausaufgabe geht es darum, die Aufmerksamkeit des Kunden auf nützliche Begebenheiten in seiner Wirklichkeit zu richten. Der Coachee hat sicher schon vieles beobachtet, bevor er ins Coaching gekommen ist. Gewöhnlich schliessen diese Betrachtungen ein, dass der Coachee eindeutig feststellt, was falsch läuft, und genau beobachtet, was zu den Schwierigkeiten geführt hat. Unser Vorschlag an unseren Kunden, etwas anderes zu tun, ist eine

Einladung, das zu beobachten, was in Ordnung ist, und sich anzuschauen, WIE es funktioniert. Der Coachee steht einer Wirklichkeit gegenüber, die so gross ist, dass man nur einen ausgewählten Teil davon wahrnehmen kann (z. B. dass jemand immer nörgelt), und wir laden unsere Kunden dazu ein, auch andere ausgewählte Teile der Realität wahrzunehmen (z. B. dass er manchmal überraschend nett zu mir ist). Um das zu erleichtern, wird ein Teil der Coaching-Zeit darauf verwendet, diesen Teil der Beobachtung mit dem Coachee zu üben, beispielsweise in der Phase der »«Funktionierenden Vorboten.

Beispiel einer Beobachtungsaufgabe: » Versuchen Sie in den nächsten Tagen genau zu beobachten, was denn schon einigermassen gut funktioniert in ihrer Zusammenarbeit mit X. Wenn Sie 10 Dinge gefunden haben – überlegen Sie sich doch was Sie wohl dazu beigetragen haben, dass es schon ein wenig funktionierte?«

So tun als ob

Die »So tun als ob«-Aufgabe ist nicht dazu gedacht, die Beobachtung zu verändern, sondern dazu, einen kleinen Unterschied einzuführen, wenn man mittendrin ist. Der Kunde wird eingeladen, so zu tun, als sei das Wunder passiert, und das kann von aussen so aussehen, als machte er tatsächlich etwas anders, obwohl er in Wirklichkeit nur so tut als ob. Je mehr Zeit in der Coaching-Sitzung damit verbracht wurde, ein detailliertes Bild des Morgens nach dem Wunder zu malen, desto leichter wird es für den Coachee, so zu tun als ob. Diese Phase dauert aber immer nur ein paar Tage oder Stunden, sodass der Coachee genug Gelegenheit hat, die Unterschiede zwischen dem »Tun als ob« und dem »nicht nur so Tun als ob« zu bemerken (man könnte auch sagen, den Unterschied zwischen das Gleiche tun und etwas ein bisschen anders tun).

Beispiel: » Ich möchte Ihnen ein kleines Experiment mit auf den Weg geben, und ich weiss, das tönt vielleicht etwas merkwürdig. Vielleicht mögen Sie es trotzdem ausprobieren: Ich möchte Sie einladen am nächsten Dienstag und Donnerstag beispielsweise von 08:30 bis 0930 Uhr – also eine Stunde lang – so zu tun, als wäre der Konflikt mit Herrn X schon gelöst. Vielleicht ist es spannend für Sie herauszufinden, wie dies dann anders wäre?«

Vorhersage

Das Vorhersage-Experiment führt das »etwas anders Tun« noch auf einem anderen Niveau ein. Der Kunde wird dazu eingeladen, seine Aufmerksamkeit vom richtigen Tun auf das richtige Vorhersagen zu lenken. Wir laden den Kunden ein für eine bestimmte Anzahl von Tagen eine Prophezeung zu machen, wie oft pro Tag eine gewünschte Situation eintritt. Und er kann es nicht im Voraus wissen. Doch wir verschen ihn dabei zu unterstützen, seine Aufmerksamkeit wach zu halten und kleinste Fortschritte zu erkennen.

Manche Kunden fühlen einen wachsenden Druck, die richtigen Resultate und angemessenen Leistungen zu produzieren, und mehr Druck ist nicht immer hilfreich. Sie versuchen es wirklich intensiv und sind dann natürlich frustriert, wenn es keine wie auch immer geartete Verbindung zwischen Anstrengung und Resultat gibt. Die Vorhersage-Aufgabe soll eine etwas andere Anstrengung belohnen. Die Kunden bekommen Punkte, wenn sie das Unvorhersagbare richtig erraten. Sie werden so von sehr viel Druck befreit.

Beispiel: »Versuchen Sie am Abend jeweils eine kleine Vorhersage für den nächsten tag zu machen: Wie oft wird der Chef Ihnen ein klein wenig Wertschätzung entgegenbringen? Für jede richtige Vorhersage dürfen Sie sich etwas Schokolade gönnen.«)

Für Ihren Werkzeugkoffer

Vorschläge für Experimente

(bitte eine der drei Möglichkeiten auswählen)
Geschenkverpackung für alle drei Aufgaben: »Mir ist etwas eingefallen, was Ihnen helfen könnte, Ihr Ziel zu erreichen. Es gibt natürlich keine Garantien, aber es braucht nur wenig oder keine zusätzliche Zeit von Ihnen. Es mag etwas merkwürdig erscheinen, kann Ihnen aber wertvolle Informationen darüber vermitteln, wie Sie weiter Fortschritte machen können. Möchten Sie hören, worum es geht?«

- **Beobachtungsaufgabe**
  »Bitte beobachten Sie in den nächsten Tagen sorgfältig, was geschieht, das so in Ordnung ist, dass Sie möchten, dass mehr davon geschieht. Hoffentlich wird diese Information für Sie irgendwie nützlich sein, um das Ziel zu erreichen. Vielleicht möchten Sie sich ja auch Notizen machen, damit Sie mir bei unserer nächsten Sitzung davon berichten können?«

- **»So tun als ob«-Aufgabe**
  »Suchen Sie sich ein paar Tage oder Stunden in den nächsten Wochen, in denen Sie so tun, als ob es der Morgen nach dem Wunder wäre. Sie haben ja heute schon auf verschiedene Arten beschrieben, wie es dann anders sein würde und wie Sie anders reagieren würden. Halten Sie es geheim, und sagen Sie niemandem, dass Sie so tun als ob. Beobachten Sie nur genau, wie andere Leute reagieren, damit wir das nächste Mal darüber sprechen können.«
- **Vorhersage-Aufgabe**
  »Ich möchte Sie einladen, von jetzt an bis zu unserem nächsten Gespräch jeden Abend über den nächsten Tag nachzudenken und zu versuchen, vorherzusagen, ob x am nächsten Tag passiert oder nicht. Sie können es natürlich nicht wirklich wissen oder beeinflussen. Raten sie einfach und stellen Sie am nächsten Abend fest, ob Sie recht hatten. Für richtige Vorhersagen bekommen Sie Punkte, und das nächste Mal sagen Sie mir, wie viele Punkte Sie bekommen haben.«
- Und: »Haben Sie noch Fragen zur Aufgabe?«

Coaching in Action
Denkpause für Frau K.

Während der Denkpause, die der Coach im Coaching mit Frau K. einlegte, wurde ihm sehr schnell klar, welches Kompliment er ihr machen wollte. Er war sehr beeindruckt davon, wie sie es schaffte, jeden Morgen zur Arbeit zu gehen und immer noch gut für sich zu sorgen, obwohl sie in etwas lebte, was andere sicher eine unerträgliche Arbeitssituation nennen würden. Sie hatte es geschafft, von einer 1 auf eine 3 zu kommen und hatte Momente von 6, 7 und sogar 9.

Ein Experiment zu finden brauchte etwas mehr Zeit. Es schien um mehrere Ziele zu gehen. Eines bestand darin, eine neue Arbeitsstelle zu finden und mehr Selbstvertrauen zu erlangen. Ein weiteres war es, die unerträgliche Situation in ihrer jetzigen Arbeitsstelle besser auszuhalten und besser für sich zu sorgen. Schliesslich entwickelten sich drei Ideen – eine für jede Art von Experimenten.

Die Beobachtungsaufgabe war sehr einfach: Sie sollte ihre Aufmerksamkeit auf die Momente lenken, in denen sie gut für sich sorgte.

Mit der »So tun als ob«-Aufgabe war der Coach etwas zögerlich. Er hatte keine Zweifel, dass sie so tun konnte, als sei das Wunder passiert, wenn sie bei sich zu Hause war. Aber er zeigte sich unsicher, ob es nicht zu viel verlangt war, wenn sie es an ihrer Arbeitsstelle auch versuchen sollte. Sie würde bei dieser Aufgabe also die Freiheit brauchen, sich auszusuchen, ob sie eine Stunde bei der Arbeit so tun würde, als sei das Wunder passiert, oder eine Stunde zu Hause.

Die Vorhersage-Aufgabe fiel leicht aus. Nachdem sie entdeckt hatte, dass sie ein wenig Einfluss auf Herrn F. besaß, würde sie vorhersagen können, ob er ihr am nächsten Tag ein Kompliment machte oder nicht.

Zum Schluss entschied sich der Coach für die einfachste und leichteste Variante, nämlich die Beobachtungsaufgabe. Er lud Frau K. ein, sich ein schönes Notizbuch »des pfleglichen Umgangs mit sich selbst« zu kaufen, in das sie alles hineinschreiben konnte, was sie ein bisschen stolz auf sich machte. Er hoffte, sie würde die Situation am Arbeitsplatz besser ertragen können, wenn sie bemerkte, wann sie gut für sich sorgt. Vielleicht würde sie auch dadurch genug Selbstvertrauen entwickeln können, um sich erfolgreich zu bewerben.

Ein Experiment zu entwerfen und dieses schön zu verpacken macht viel Spass. Es soll jedoch der Coachee entscheiden können, ob er sich auf eines der vorgeschlagenen Experimente einlassen will. Auch hier haben Kunden ein unglaublich feines Gespür dafür, was ihnen am besten helfen wird.

EXPERIMENT

All Ihre Probleme bei der Arbeit sind gelöst

Dies ist eine Hausaufgabe, die Insoo Kim Berg ihren Teilnehmern gerne am Ende des ersten Tags eines Workshops vorschlägt. Als Leser können Sie diese Aufgabe ebenfalls leicht ausführen. Insoo sagt den Teilnehmern, Sie sollen so tun, als hätte die Tür des Raums eine Art von Wunderdusche eingebaut. »Die Wirkung dieser Wunderdusche ist, dass, wenn Sie durch die Tür gehen, all Ihre Probleme bei der Arbeit gelöst sind, eben wie ein Wunder. Also ist Ihre Hausaufgabe, durch die Tür zu gehen und von der Minute an, bis Sie wieder durch die Tür in den Raum hineinkommen, so zu tun, als sei ein Wunder passiert, und alle Probleme, die Sie bei der Arbeit beschäftigen, haben sich von selbst gelöst. Beobachten Sie sorgfältig, wie Sie während des Abends anders reagieren, vielleicht zu Hause, wo immer Sie hingehen. Beobachten Sie auch, wie andere Leute um Sie herum anders reagieren. Und sagen Sie niemandem, dass Sie die Hausaufgabe haben, so zu tun als ob – beobachten Sie einfach sehr genau, was anders ist. Morgen früh sprechen wir dann darüber.«

Wenn die Teilnehmer am nächsten Morgen zurückkommen, lädt Insoo sie ein, sich in Zweiergruppen aufzuteilen und einander zu fragen, woran sie das Wunder an sich selbst bemerkt haben und was andere Menschen vielleicht an ihnen bemerkt haben. Wie es so ist mit Experimenten, gibt es meist einige Teilnehmer, die schüchtern zugeben, dass sie vergessen haben, die Hausaufgabe zu machen. Insoo sagt dann: »Ach, wirklich? Machen Sie sich keine Sorgen. Tun Sie einfach so, als ob Sie die Hausaufgabe gemacht hätten, und erzählen sie der anderen Person, was Sie beobachtet hätten, wenn Sie die Hausaufgabe gemacht hätten.«

10. Die Folgesitzungen

Kein Problem besteht dauernd – oder andauernd in der gleichen Intensität. Was geschieht eigentlich in der übrigen Zeit? Und wie können wir diese Erfahrung für die Lösungsentwicklung nutzen?

Der Hauptfokus von Folgesitzungen liegt darauf, etwas über Verbesserungen herauszufinden; darüber, wie sie erreicht wurden, und darüber, wie sie aufrechterhalten werden können. Daher fangen im Kurzzeitcoaching die Folgesitzungen meist mit der Frage an: »Was ist seither besser geworden?« Natürlich ist es dabei unser Ziel, die Aufmerksamkeit des Coachees darauf zu lenken, was alles schon gut funktioniert hat und was schon in die richtige Richtung zeigt. Wir wollen das fokussieren, was er getan hat, um seinem Ziel näherzukommen. Wir sind also neugierig und fragen nach einer bestimmten Auswahl von Ereignissen und Erinnerungen aus der Menge der verschiedenen Dinge, die dem Coachee zwischenzeitlich passiert sind.

Es verhält sich so wie mit dem Gärtner im Film »Being there«, der nach seinen Blumen im Garten schaut. Natürlich gibt es auch eine Lilie, die offensichtlich ein paar nun auf dem Boden liegende Blätter verloren hat, und vielleicht auch seine Lieblingsrose, die ein wenig die Blüten hängen lässt, weil ein paar Kinder daran gezogen haben. Der Rest der Blumen sieht aber immer noch ziemlich genauso aus wie zuvor. Und es gibt auch einige neue, sehr vielversprechend aussehende Triebe im Blumenbeet. Wenn man möchte, dass etwas wächst, muss man schon kleinste Zeichen davon erkennen und diese – einem neuen Trieb gleich – hegen und pflegen. Wenn man nach den Sprösslingen sucht, sollte man sehr genau hinschauen. Man muss im Gedächtnis kramen, die kleinen Unterschiede identifizieren und jene auswählen, die einen Fortschritt bedeuten. Und dann, ganz plötzlich, wenn man das erste Detail des Fortschritts gefunden hat, kann es sein, dass man auf einmal bemerkt, dass es noch viel mehr Beweise für das Wachstum rechts und links um einen herum gibt.

Bei manchen Kunden ist diese Suche nach dem, was in der Zwischenzeit besser geworden ist, nichts, was sie normalerweise tun würden, wenn sie über die Vergangenheit nachdenken. Manchmal scheint es so, als sei die menschliche Kommunikation hauptsächlich dazu erfunden, sich zu beschweren. Das ist natürlich auch in Ordnung und kann auch viel Spass machen. Unsere Wiener Kollegin, Sonja Radatz, sagt, dass in der Stadt Sigmund Freuds diese Tendenz, sich zunächst einmal über irgendetwas zu beschweren oder zu jammern, wenn man jemanden trifft, besonders stark ausgeprägt sei. Wenn es nichts zu jammern gibt, macht es auch keinen Spass. Und obwohl oder gerade weil wir das wissen und akzeptieren, besteht unsere Aufgabe als Coach darin, die Möglichkeit anzubieten, die Coaching-Sitzung mit etwas Nützlicherem als dem Jammern oder sich Beschweren zu verbringen.

Seien Sie auf jeden Fall darauf vorbereitet, dass die Antwort auf »was ist besser geworden« zunächst ernsthaftes Nachdenken aufseiten des Coachees mit sich bringt, bevor er sich an die Frage gewöhnt hat. Die häufigste Antwort, die Sie zunächst wahrscheinlich zu hören bekommen, heisst entweder »Ich weiss es nicht« oder »Nichts«. Geben Sie Ihrem Kunden etwas Zeit für den Suchprozess. Oft heisst nämlich »Ich weiss es nicht« nichts anderes als »Oh, das habe ich mir noch gar nie überlegt.«

Coaching in Action
Selbstcoaching auf dem Fahrrad

Ich kann mich gut an einen Kunden erinnern, einen besonders intelligenten und dynamischen jungen Mann. Er leitete das Sozialdepartement seiner Stadt und kam zu seiner dritten Coaching-Sitzung. Wie gewöhnlich fragte ich ihn erst, ob es ein besonderes Thema gäbe, für das wir im Coaching Zeit reservieren sollten. Er sagte, dass er tatsächlich kurz vor einer ziemlich wichtigen Vorstandssitzung stehe, die er mit mir ansehen wolle. Wir einigten uns darauf, dies in ein paar Minuten zu tun. Und dann stellte ich meine formelle Eröffnungsfrage für Folgesitzungen, wahrscheinlich ziemlich genau wie ich sie vor ein paar Wochen gestellt hatte, als er zu unserer zweiten Sitzung gekommen war: »Ich frage mich, was ist in der Zwischenzeit besser geworden?« Der junge Mann schaute mich an und ein Lächeln breitete sich über seinem ganzen Gesicht aus. »Ich wusste es, ich wusste einfach, dass Sie mir heute diese Frage stellen würden! Deswegen habe ich mich schon auf dem Weg hierher, beim Fahrradfahren, vorbereitet, was ich darauf sagen werde. Also ...«

Da habe ich das erste Mal begriffen, warum Kurzzeitcoaching tendenziell so kurz ist. Es ist so ein einfaches Coaching-Vorgehen und Coachees lernen so schnell! Sie lernen sogar so schnell, dass sie nur ein paar wenige Sitzungen brauchen, um die Wahlmöglichkeiten für ihr Handeln zu erhöhen. Wenn ich mich recht erinnere, war diese dritte Sitzung entweder unsere letzte Sitzung oder die vorletzte. Mit einem wirklich intelligenten jungen Mann, der obendrein schnell lernt.

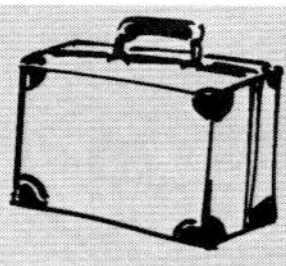

Für Ihren Werkzeugkoffer

Fragen für Folgesitzungen:

- Gibt es spezielle Anliegen, für die wir heute Zeit einplanen sollten?

Fragen zur Zeit zwischen den Gesprächen:

- Was ist besser?
- Und was ist noch besser geworden?
- Wie haben Sie das hingekriegt?/Wie haben Sie das geschafft?
- Was würden andere Leute sagen, ist besser geworden?
- Was würden sie noch sagen?
- Wo sind Sie jetzt auf einer Skala von 1 bis 10?
- Was könnte ich sehen, was Sie jetzt tun, das Sie vorher noch nicht getan haben?
- Wie können Sie sich selbst dabei unterstützen, diese Verbesserungen aufrechtzuerhalten?

Coaching in Action
Frau K.: Eine neue Stelle mit 55

Als Frau K. drei Wochen später anrief, zögerte der Coach leicht, geradeheraus zu fragen, was besser geworden sei. Die Beschreibung ihrer wirklich schwierigen Lebens- und Arbeitssituation stand ihm noch lebendig vor Augen. Er hatte gedacht, dass es wahrscheinlich wirklich ein Wunder brauchen würde, damit etwas besser werden konnte. Aber zu seiner grossen Überraschung war es für sie sogar recht einfach, seine Frage zu beantworten: Frau K. nannte als ihren grössten Fortschritt, dass sie zunehmend in der Lage sei, die Situation bei der Arbeit zu tolerieren. Sie war sogar so gut darin geworden, dass sie sich vorstellen konnte, diese Stelle zu behalten und sich mit ihren zwei Vorgesetzten Herrn F. und Herrn K. zu arrangieren. Sie sagte, es sei ihr ein Stein vom Herzen gefallen. Doch am meisten würde sie geniessen, dass sie nun wirklich die Wahl habe, bleiben zu können oder zu gehen. Beide Möglichkeiten wären vorstellbar.

Coach: »Ich bin wirklich sehr beeindruckt und erleichtert, das zu hören, Frau K. Und wenn ich darf, möchte ich in einer Minute darauf zurückkommen. Sagen Sie mir, was noch in den letzten drei Wochen besser war?«

Frau K. sagte, dass sie sich wirklich in ihr kleines »Tagebuch des pfleglichen Umgangs mit sich selbst« verliebt habe und nun sehr stolz auf einiges sei, was sie in das Buch geschrieben habe, so stolz, dass sie es sogar einigen ihrer engsten Freunden vorgelesen habe.

Das erinnerte sie wieder an etwas anderes, was auch noch besser geworden war, nämlich ihr aktives Sozialleben. Sie war jede Woche mindestens einmal mit Freunden ausgegangen, manchmal sogar an Arbeitstagen.

Und schliesslich hatte sie diese Stellenanzeige gesehen, die sehr interessant erschien. Sie hatte all ihren Mut zusammengenommen und dort sogar angerufen, um ein paar Fragen zu stellen und mehr über die Position herauszufinden. Sie hatte dann ein Bewerbungsschreiben verfasst und wartete jetzt auf die Antwort. Aber so, wie es im Moment bei ihrer Arbeitsstelle lief, stand sie nicht wirklich unter Druck, etwas Neues zu finden. Sie wollte sich die neue Stelle aber genau ansehen, wenn sie die Gelegenheit dazu bekommen sollte.

Die ersten Minuten der Coaching-Sitzung dienen dazu, einen allgemeinen Überblick über die unterschiedlichen Gebiete zu bekommen, in denen etwas besser geworden ist. So nutzt man den Schwung des erfolgreichen Suchprozesses und versucht herauszufinden, was sonst noch besser geworden ist und was noch. Solange sich der Coachee in diesem nützlichen »Modus« befindet und alles sammelt, was Hoffnung und Zuversicht verspricht, gibt es für den Coach keinen Grund einzugreifen. Nach dem Ausbreiten der ganzen Sammlung ist es leichter, die Ereignisse auszuwählen, die es lohnt, näher angesehen zu werden.

Coach: »Worauf von allem, was besser geworden ist, sind Sie besonders stolz?"

Frau K.: »Wahrscheinlich darauf, wie Herr F. und Herr W. mich jetzt behandeln, nämlich als kompetente und wertvolle Person.«

Coach: »Das tun sie?«

Frau K.: »Herr F. hat sogar ein Post-it mit einem ›Dankeschön‹ an meinen Schreibtisch geklebt, als ich für ihn nach fünf Uhr einen Bericht fertig gemacht hatte. Herr W. ist viel höflicher und begrüsst mich morgens. Er hat mich sogar einmal gefragt, wie ich das schaffe, für zwei Vorgesetzte zu arbeiten. Und ich habe ihm vorgeschlagen, wie man die eingehende Arbeit effektiver organisieren könnte.«

Coach: »Wie haben Sie das denn hingekriegt? Ich kann mir vorstellen, dass das nicht leicht war.«

Frau K.: »Nein, es war eigentlich ganz leicht, er ist mir gegenüber einfach viel respektvoller geworden.«

Coach: »Ich verstehe, also ER ist respektvoller geworden. Wenn es etwas gibt, was SIE dazu beigetragen haben könnten, das es ihm leichter gemacht hat, respektvoller zu sein, haben Sie eine Idee, was das gewesen sein könnte?«

Frau K.: »Ich glaube, ich weiss es. Es fing vor ein paar Wochen an, als er in mein Büro geschossen kam. Ich hatte gehört, dass er kommt, und erinnere mich, dass ich ihm direkt in die Augen gesehen habe, als er hereinkam. Es war so, als würde ich sagen: ›Ja, was bringen Sie mir, junger Mann?‹ Ich sagte aber nichts, sondern wartete einfach ruhig darauf, dass er mit dem Reden anfängt, und da hat er dann das erste Mal gesagt: ›Frau K., bitte …‹ Es war, als wüsste er, dass ich nicht mehr mit mir spassen lasse.«

»Falsche« Bescheidenheit

Diese kleine Sequenz zeigt etwas, was häufig passiert: Der Coachee stellt eine Verbesserung fest, aber es scheint so, als sei diese hauptsächlich wegen anderer Menschen oder äusserer Umstände zustande gekommen. Um effektiv zu coachen und die Verbesserungen beizubehalten, ist es nützlich, wenn man auf den Beitrag des Coachees fokussieren kann. Dabei sollte es vorzugsweise in den Händen des Kunden liegen, das, was hilfreich war, reproduzieren zu können. Die magische Frage für diese Art der »falschen Bescheidenheit« ist: »Natürlich waren andere hilfreich. UND was könnten Sie möglicherweise dazu beigetragen oder getan haben?« Je mehr Details der eigenen Beiträge dem Coachee bewusst werden, desto höher ist die Wahrscheinlichkeit, dass er seine Handlungen wenn nötig reproduzieren kann. Dies steigert auch die Wahrscheinlichkeit, seinen Fortschritt aufrechterhalten zu können.

Auf ihrer Fortschrittsskala war Frau K. jetzt auf einer 6. Die Hauptfrage, die noch offen war, lag in der Entscheidung, ob sie mehr Energie in die Suche nach einer neuen Stelle stecken sollte oder nicht. Sie war sich wirklich nicht sicher. Sie wollte erst die Antwort auf ihr Bewerbungsschreiben abwarten und dann weitersehen. Im Rest der Sitzung ging es darum anzuschauen, wie Frau K. ihr wiedergefundenes, aber noch instabiles Gleichgewicht in den nächsten Wochen beibehalten konnte. Thema war es auch, mit anzusehen, was sie in den normalen Höhen und Tiefen des Prozesses unterstützen konnte.

»Man kann einen Menschen nichts lehren. Man kann ihm nur helfen, es in sich selbst zu entdecken.«

Galileo Galilei

Der Coach drückte noch einmal seine Bewunderung dafür aus, was sie alles erreicht hatte: gut auf sich aufzupassen, Respekt als kompetente Mitarbeiterin im Büro zu erlangen und die Initiative zu ergreifen, im Unternehmen der ausgeschriebenen Stelle anzurufen, vor dem Aufsetzen ihres Bewerbungsschreibens.

Auf der Skala höher kommen

In unseren Trainings fragen die Teilnehmenden oft, warum in der Folgesitzung nicht wieder davon gesprochen wird, wie der Coachee weitere Schritte machen könnte. Warum wir als Coach also nicht nachfragen: »Und, ist jetzt schon bei X auf der Skala. Wie könnte ein nächster Schritt aussehen?« Wir sind immer neugierig, und so fragten wir zurück: »Was vermutest du, warum wir das nicht tun?« Eine wirklich interessante Antwort, die wir einmal gehört haben, lautete: »Etwas aufrechtzuerhalten, das erreicht wurde, gibt es nicht umsonst. Das ist an sich schon eine Leistung, die motiviert und eine Belohnung darstellt, da die Erfolgschancen, dass es so weitergeht, recht hoch sind. Ich glaube, wenn das Aufrechterhalten der Verbesserungen keine Herausforderung mehr darstellt, werden die nächsten kleinen Schritte automatisch kommen, da braucht es keinen Coach dafür. Aber es braucht einen Coach, um das Erreichte zu feiern und um dem Coachee zu helfen, langsam vorzugehen.«

Hierzu haben wir nichts hinzuzufügen. Ausser vielleicht, dass manche Kunden durchaus die Folgesitzung dazu nutzen möchten, noch weitere Schritte zu formulieren. Klar, dass wir da als Coach mitmachen! Nur würden wir es von uns aus nicht vorschlagen.

Was, wenn nichts besser ist?

Eine Folgesitzung wie im Fall von Frau K. ist für beide, Coach und Coachee, eine wundervolle Erfahrung. Und es ist auch nicht aussergewöhnlich, wenn es so ähnlich abläuft. Manchmal machen sich die Teilnehmenden unserer Trainings aber Sorgen: »Was ist, wenn sich nichts verbessert hat oder es sogar schlimmer geworden ist, was tun wir dann?«

Coaching in Action
Nichtwissen ist der beste Zustand für einen Coach

Kürzlich hat einer unserer Teilnehmer eine lustige Erfahrung gemacht. Er hatte das erste Modul unserer Coaching-Ausbildung besucht, das hauptsächlich Erstsitzungen zum Thema hat. In der Zwischenzeit war aber einer seiner Kunden für eine zweite

Sitzung aufgetaucht und alles, an was er sich erinnern konnte, war, dass er mit »was ist besser geworden?« anfangen sollte. Also vertraute er dem Prozess und war ziemlich entspannt, auch bestärkt durch einige kurz zurückliegende Erstsitzungen, die recht gut gelaufen waren. Er fragte also, was besser geworden sei, und der Kunde sagte: »Besser? Nichts!« Der Coach war völlig überrumpelt und wusste nicht, was er darauf antworten sollte. Er drückte sich tiefer in seinen Sessel und setzte gerade an, dem Kunden zu erklären: »Ich geb's auf. Weisst du, ich lerne dieses Zeugs gerade erst; ich weiss nicht, was ich jetzt machen soll.« Aber er war wie vom Schock gelähmt und brauchte einen Moment, um zu formulieren, was er sagen wollte. In der Zwischenzeit hatte der Kunde bemerkt, dass von seinem Coach offensichtlich keine Reaktion zu erwarten war, und dachte noch etwas nach. Dann sagte er: »Na ja, ausser vielleicht letzte Woche, da gab's ein paar Beispiele, da war es besser.« Und er fuhr fort, von einem relevanten Erfolg zu berichten.

Der Coach, unser Kursteilnehmer, fand diese Wendung seines Coaching-Gesprächs besonders komisch, weil er wenig später hörte, dass wir in solchen Situationen genau dies empfehlen – warten, nichts wissen –, er aber hatte das in diesem Moment nicht bewusst getan. Es war einfach aus dem Zufall heraus geschehen.

Für Ihren Werkzeugkoffer

Für den Notfall

Was, wenn …

… der Coachee sagt: »Ich weiss es nicht."

- Zurücklehnen und warten!
- »Angenommen, Sie wüssten es, was würden Sie dann sagen?«

… der Coachee sagt: »Nichts.«

- Zurücklehnen und warten!
- »Vielleicht nur ein ganz kleines bisschen besser, nur für einen kurzen Moment?«
- »Woher kommt es, dass es nicht schlimmer geworden ist? Wie haben Sie dazu beigetragen?«

… der Coachee sagt: »Es ist schlimmer geworden!«

- »Ich bin mir sicher, dass das nicht leicht ist für Sie. Wie schaffen Sie es, damit zurechtzukommen?«
- »Es muss doch auch Momente geben, in denen es besonders schlimm ist. Wie anders ist es in den Momenten, in denen es nur einfach schlimm ist?

Weitere Folgegespräche

»Nur die Hilfe ist sinnvoll, die von dem Bedürfnis nach weiterer Hilfe befreit. Sich wiederholende Hilfe ist gar keine Hilfe. Reden Sie nicht davon, anderen zu helfen, es sei denn, Sie befreien sie vom Bedürfnis nach weiterer Hilfe.«
(Sri Nisargadatta Marharaj)

Erfahrungsgemäss sehen wir die meisten unserer Kunden ein- bis zweimal. Manchmal genügen allein schon das Erstgespräch und manchmal noch ein einzelnes Folgegespräch, damit die Kunden entscheiden, dass sie nicht mehr ins Coaching zu kommen brauchen. Sie sind bereit, wieder allein mit ihren eigenen Ressourcen an ihren Vorhaben und Zielen dranzubleiben.

Wir stellen auch fest, dass dies oft eine Entscheidung auf Dauer ist. Es kommt nur selten vor, dass uns Kunden längere Zeit später wieder aufsuchen und ein anderes Anliegen gemeinsam mit uns bearbeiten wollen.

Viel eher geschieht es, dass sie ihre Probleme selbst lösen können und wollen, »obwohl« sie das Coaching sehr gut und hilfreich fanden.

Wir fragen uns manchmal, wie dieses Phänomen zu erklären ist. Warum stärken ein oder zwei Besprechungen das Vertrauen in die eigene Problemlösungsfähigkeit so nachhaltig, dass die Kunden gar kein Coaching mehr wollen?

Möglicherweise ist unsere Unterstützung so einfach, dass sie in einer einzelnen Besprechung vom Kunden gelernt und dann selbst angewendet werden kann.

»Es ist wie ein Schalter, den man im Kopf umstellen kann«, sagte einmal eine Kundin.

Der Schalter bewirkt, dass Kunden lernen, den eigenen Blickwinkel eigenständig zu verändern, wenn es ihnen nützlich scheint: von dem, was nicht klappt, auf das, was schon klappt.

Eine andere Vermutung geht dahin, dass Kunden nicht mehr wiederzukommen brauchen, weil wir im Coaching konsequent das bestärken, was die Kunden selbst immer mit sich tragen – nämlich ihre eigenen Ressourcen.

EXPERIMENT

Nehmen Sie ein leeres Blatt Papier und schreiben Sie mindestens 25 Dinge auf, die nach der Lektüre dieses Büchleins für Sie im Vergleich zu vorher besser geworden sind.

In unserer Erfahrung können bei solchen Aufgaben klare Zahlenvorgaben anregend wirken und einen hilfreichen Rahmen schaffen. Auch wenn es am Anfang verrückt scheinen mag, 25 Dinge zu finden, ist es am Schluss eher so, dass die Liste noch beliebig fortgesetzt werden könnte, und zwar mit Dingen mindestens gleicher qualitativer Relevanz.

11. Jenseits von Technik … weiterlernen als Coach

Wenn wir an grossen internationalen Konferenzen die alten Pioniere des Coachings wiedersehen, sind wir immer wieder aufs Neue beeindruckt, mit welcher Hingabe und Neugier sie am Weiterlernen dranbleiben. Begeistert erzählen sie, was sie für ihre eigene Arbeit gerade am Ausprobieren oder Entdecken sind. Und neugierig sitzen sie in der Lobby und verwickeln Konferenzteilnehmende in lange Gespräche auf der Suche nach deren Entdeckungen, ganz nach dem Motto: »Alter schützt vor Lernen nicht.« Mag höchstens sein, dass man je nach Erfahrung gerade dabei ist, unterschiedliche Dinge zu lernen. Häufig geht es in diesem Zusammenhang weniger um Technik und Ablauf des Coachings als um Fragen, die über die Beherrschung des soliden Handwerks hinausgehen.

Wir wollen zum Abschluss einige solche Lernfelder beleuchten und hoffen, damit Anregungen für die Erweiterung des eigenen Lernhorizontes zu geben. Zum Teil sind diese Aspekte auch Kernkompetenzen, wie sie von der ICF (International Coach Federation) für professionelle Coaches definiert wurden.

Die Kunst der Coaching-Präsenz

Unter Coaching-Präsenz verstehen wir die Fähigkeit des Coachs, vollkommen flexibel und improvisierend mit dem zu arbeiten, was sich gerade aus dem Augenblick heraus ergibt. Dies verlangt oft ein Loslassen von eigenen Erwartungen und Konzepten, wie Gesprächsstrukturen oder Standardfragen.

Coaching-Präsenz zeigt sich etwa in Momenten, in denen die Fragen des Coachs aus den Antworten des Kunden entstehen, und nicht die Kundenantworten aus den Fragen.

Oder wenn Kunde und Coach im Gespräch mit spielerischer Leichtigkeit Neuland betreten, auch wenn der Coach dabei nicht weiss, wo der Weg hinführt

Coaching-Präsenz
– die Fähigkeit, mit voller Aufmerksamkeit präsent zu sein und die Fähigkeit durch einen offenen, flexiblen und zuversichtlichen Stil eine spontane Beziehung mit dem Klienten aufzubauen:

»Flexibel, gleichsam tänzerisch, erlaubt der Coach sich zu improvisieren und Risiken einzugehen.«

(Nach Kompetenzbeschreibung der ICF)

und ob er sich als nützlich erweisen wird. Der Coach geht gleichsam tänzerisch und äusserst vertrauensvoll mit und kann so die eigene Perspektive verändern und mit den Möglichkeiten für das eigene Handeln experimentieren.

In guter Erinnerung ist uns dabei eine Coaching-Szene aus einem unserer Workshops für fortgeschrittene Coaches. Lore, eine Workshop-Teilnehmerin, hatte Gerda, eine andere Teilnehmerin, gecoacht. Lore stellte Gerda zu Beginn zwei Fragen, machte eine kurze Pause und meinte: »Oh, wenn ich das höre, ist das wohl wirklich nicht einfach für dich. Aber mir kommt gerade keine kluge Frage in den Sinn. Mir fällt im Moment nichts ein, wie ich dir nützlich sein könnte!« Sie sah dabei erst etwas verzweifelt in die Runde, blickte zurück zu Gerda und fuhr fort: »Darf ich dir etwas vorschlagen? Wärst du bereit, mit mir den Platz zu tauschen?« Gerda nickte und Coach und Coachee tauschten die Plätze. Dann meinte Lore: »Gerda, wenn du jetzt an meiner Stelle als Coach wärst, welche Frage würdest du dir als Kundin stellen?« Gerda überlegte einen Moment, nannte eine Frage und Lore antwortete: »Okay, und wie würde ich an deiner Stelle die Frage beantworten?« Dieses Spiel mit vertauschten Rollen ging noch drei Fragen weiter, danach meinte Gerda ganz glücklich und mit strahlenden Augen: »Wir können die Plätze wieder tauschen. Das Coaching ist abgeschlossen – ich habe meine Fragen beantwortet!«

Nebenbei bemerkt dauerte diese Coaching-Sequenz gerade mal siebeneinhalb Minuten und war für alle Workshopteilnehmenden ein wunderbares Beispiel, wie sich Coaching-Präsenz in der Praxis auswirken kann.

Die Kunst der Co-Expertise

Das oben genannte Beispiel wirft auch einen Lichtstrahl auf ein zweites Lernfeld jenseits der Coaching-Technik. Dabei geht es um die Fähigkeit des Coachs, den Coachee nicht nur als Experten für das eigene Ziel und die massgeschneiderte Lösung zu betrachten, sondern auch als Mitexperten für die weitere Gestaltung des Coaching-Prozesses.

Dies zeigt sich etwa, wenn der Coach den Coachee um Erlaubnis

Ein Coach, der die Kunst der Co-Expertise beherrscht, integriert auch bezüglich des weiteren Gesprächsverlaufes die Ideen und Vorschläge des Coachees, fragt sie aktiv nach und baut auf ihnen auf. »Was wäre jetzt eine nützliche Frage für Sie, die ich Ihnen stellen könnte?

bittet, einen Punkt weiter zu vertiefen oder ein Thema aufzunehmen: »Macht es Sinn, wenn wir an diesem Punkt noch weiterarbeiten?« Oder aber auch, wenn der Coach mit dem Kunden bespricht, welche nächste Frage hilfreich sein könnte: »Was könnte für Sie jetzt, in dieser Situation, eine nächste nützliche Frage sein?«

Diese Fähigkeit kann sich auch beispielsweise am Schluss eines Gesprächs zeigen, wenn der Coach sagt: »Wir haben jetzt noch gut 10 Minuten bis zum Abschluss des Gesprächs. Was denken Sie, was wäre jetzt das Nützlichste, was wir in diesen 10 Minuten noch tun könnten?«

»Nur wer nicht alles im Griff hat, hat die Hände frei!«

Die Kunst des Loslassens

Als Coach haben wir manchmal die Idee, wir müssten in einem Coaching-Gespräch wahnsinnig geniale Fragen stellen oder einen grossen Dreh beim Kunden herbeiführen, damit wir unser Geld auch wert sind. Oft heftet sich diese Vorstellung in unserem Kopf fest – und bewirkt genau das Gegenteil. Es ist eine Kunst, diese Vorstellung loszulassen. Nicht zufällig ist dies eine von der ICF definierte Coaching-Kompetenz: als Coach frei von jeglichen Erwartungen an sich selbst, an den Kunden und an das Coaching zu agieren.

Dieses Loslassen zeigt sich in Momenten, wenn der Coach nichts anderes tut, als einfach nur mit dem Kunden da zu sein. Oder wenn es möglich wird, den Kunden strahlen zu lassen (»to let the client shine«), ohne das Bedürfnis, als Coach eigene, bedeutsame und kluge Beiträge zu liefern.

Loszulassen hilft uns auch, mit der nötigen Bescheidenheit zu arbeiten. Bescheidenheit lehrt uns, dass alles, was wir tun können, darin besteht, vertrauensvoll und elegant einen Rahmen zu schaffen, in dem der Kunde sein Lernen, seine ersten Schritte, seine Lösung findet – und nicht mehr.

Coaching in Action Jenseits von Technik

Zur Illustration und Anregung, wie sich Coaching jenseits von Technik gestaltet, hier einige Auszüge aus einem Gespräch, das unser Kollege Jürgen Hargens[5] mit einem Kunden (Klaus) geführt hat. Das Gespräch fand 2005 im Rahmen eines Coaching-Live-Anlasses im Weiterbildungsforum als Demonstration für unsere Kursteilnehmenden statt.

Wer die einzelnen Abschnitte aufmerksam liest, wird viele der oben genannten Lernfelder wiedererkennen – und vielleicht noch einige neue dazu.

Ausschnitt aus dem Anfang des Gesprächs:

Jürgen: »Gut. Und wenn dies hier erfolgreich war, dieses Coaching, wie das so heisst, weisst du dann, wo du hinwillst, weisst du, ob's ein Schritt ist? Oder was kommt am Ende dabei raus, dass du sagst … ›gut‹?«

Klaus: »Ich weiss nicht, wo er hingeht. Nein.«

Jürgen: »Ah ja. Und wenn du den gehst – könnte ja sein, wirst heute ein bisschen geschubst, gehst da irgendwie ein Stück hin –, wie merkst du: ›Ah ja, dies war genau das Richtige‹?«

Klaus: »Ich bin ruhiger.«

Jürgen: »Ruhiger …«

Klaus: »… ja …«

Jürgen: »Ah ja. Woran merkst du es noch?«

Klaus: »… nein, es ist eine Frage der Befindlichkeit.«

Jürgen: »Ah ja. Und wie sieht die Befindlichkeit aus, wenn du diesen Schritt gemacht hast?«

Klaus: »Es hat mit Ruhe und Ausgeglichenheit zu tun.«

Jürgen: »Okay, wie äussert sich das, wenn du diese Ruhe und Ausgeglichenheit irgendwie merkst oder verspürst? Deine Frau, wie merkt die das – boah, der Klaus hat den Schritt gemacht!«

Klaus: »Ja, das merkt man schon.«

Jürgen: »Und wie merkt deine Frau das?«

Klaus: »Die wird sich denken: Er hat vielleicht eine andere Art, die Dinge anzupacken, und das merke ich auch. Und das sind diese kleinen Schritte in alle Richtungen. Und der grosse Schritt ist die Ruhe, die sich dann einstellt.«

---

5 Jürgen Hargens hat dieses Coachinggespräch ausführlich in dem Buch »Werkstattbuch Systemische Coaching – Aus der Praxis für die Praxis« (Borgmann Media, Dortmund) geschildert und kommentiert. Fünf Berater und Coaches schildern dort werkstattmässig ihre Praxiserfahrungen mit dem systemisch-lösungsorientierten Coaching.

Jürgen: »Ah ja, so. Gut, das leuchtet mir ein. Erst gehen. Dann machst du die Erfahrungen und wirst ruhiger.«

Klaus: »Ja.«

Jürgen: »Gut. Wie kann ich dir jetzt, hier, heute, dabei irgendwie nützlich sein?«

Klaus: »Da fällt mir nichts dazu ein … also ja, da weiss ich jetzt im Moment gerade nichts.«

Jürgen: »Ja, ich weiss, diese Frage ist immer so … die klingt immer ganz einfach und dann fängt man an: Oh, wenn ich das wüsste … schwer zu wissen.«

Klaus: »Ja.«

Unsere Wertschätzung zu dieser Auftragsklärung von Jürgen:

a) Wir waren beeindruckt, wie nahe sich Jürgen in seinen Fragen beim Kunden befindet und mit welcher Leichtigkeit und Konsequenz dies geschieht. Er baut seine Fragen direkt auf den Antworten von Klaus auf, verwendet die Ausdrücke und Metaphern von Klaus und versucht hartnäckig, aber mit Herz dranzubleiben.

b) Er zeigt grosse Wertschätzung und viel Verständnis für die Gedankengänge und Ideen von Klaus. Und kann Klaus eine Frage nicht beantworten, so schafft es Jürgen dies als ganz normal hinzustellen – was es ja eigentlich auch ist. Dadurch schafft er es, das Gespräch und die vertrauensvolle Beziehung aufrechtzuerhalten.

c) Jürgen nimmt sich die Ruhe und die Zeit für eine sorgfältige Auftragsklärung. Erst als Klaus und auch ihm klar war, wie sich dieses Coaching nützlich erweisen könnte, ging er im Gespräch einen Schritt weiter. Ein feines Beispiel der »Kunst des Nichtwissens«.

Ausschnitt aus der Mitte des Gesprächs:

Klaus: »Also das ist jetzt einer dieser konkreten Schritte …«

Jürgen: »Ja.«

Klaus: »… die möglich wären.«

Jürgen: »Ja, nicht nur einer, der möglich wäre – vielleicht ist der gar nicht so richtig möglich, sondern einer, zu dem du so richtig Lust hast.«

Klaus: »Ah ja, genau …«

Jürgen: »Mehr so: Oh wow, ob du den machst oder nicht, ob's realistisch ist, spielt keine Rolle. Einer, zu dem du Lust hast.«

Klaus: »… das ist so schwierig.«

Jürgen: »Ja … so ist es mit der Lust, ist manchmal sauschwierig …«

Klaus: »Unglaublich schwierig.«

Jürgen: »Ja.«

Klaus: »Ich habe eine Ansatzweise …«

Jürgen: »… okay …«

Klaus: »Es geht um die Zeit. Ich habe Lust, für alles mehr Zeit zu haben. Ist das etwas oder ist das kein Schritt?«

Jürgen: »Wieso nicht?«

Klaus: »Die Zeit, die kommt von aussen. Ich mache den Schritt, also gebt mir die Zeit, Punkt.«

Jürgen: »Ja, also Zeit. Wie viel hättest du gerne?«

Klaus: »Genug.«

Jürgen: »Wie viel ist das? Also morgen. Morgen ist Donnerstag. Wie viel Zeit hättest du morgen gerne extra, zu den 24 Stunden, wie viel hättest du morgen gerne dazu?«

Klaus: »… toll!«

Jürgen: »Oder hättest du lieber welche weg, sodass es nur 20 Stunden sind? Könnte ja auch sein.«

Klaus: »Das könnte auch sein. Ja, das ist die Schwierigkeit.«

Jürgen: »Klar, wenn alles so ganz einfach wäre, dann hättest du das wahrscheinlich alles schon gemacht.«

Klaus: »Dann hätte ich's schon gelöst, ja.«

Jürgen: »Genau. Und jetzt sitzen wir da …«

Klaus: »Also wenn ich jetzt sage, ich brauche 5 Stunden mehr oder 10 Stunden mehr oder 24 Stunden mehr, dann …«

Jürgen: »… ja dann?«

Klaus: »Toll! Aber es ist ja nicht die Lösung. Dann könnte ich genauso gut auf 12 Stunden reduzieren, das ist auch toll.«

Jürgen: »Ja.«

Klaus: »Dann könnte ich nämlich das wegnehmen, was nicht so toll ist.«

Jürgen: »Ach so … und was würdest du dann wegnehmen?«

Klaus: »Oder einfach halbieren, nein, das ist … eher dazugeben.«

Jürgen: »Ah ja, was nun, eher runter oder eher mehr?«

Klaus: »Ich denke, eher mehr, klar.«

Jürgen: »Eher mehr, ah ja. Zu wie viel mehr hättest du denn Lust?«

Klaus: »5 Stunden.«

Jürgen: »5 Stunden, ah ja, gut. Wenn ich mal gucke … ich hab da gerade noch 5 Stunden.«

(Jürgen sucht in den Taschen, kommt mit einer Hand heraus, so als ob er darin etwas hält, und gibt Klaus den Inhalt ganz vorsichtig. Er nimmt »es«.)

Klaus: »Super …«

Jürgen: »Kannste sehen? Ich gebe dir die mal.«

Klaus: »Das ist sehr nett.«

Jürgen: »Das sind die für morgen.«

Klaus: »Danke.«

Jürgen: »Gut. Jetzt bin ich neugierig. Was machst du morgen mit diesen 5 Stunden?«

Klaus: »Also morgen ist es so. Ich stehe auf und dann schaue ich, ob mein Sohn schon wach ist.«

Jürgen: »Ah ja, wie alt ist er?«

Klaus: »Er ist dreieinhalb.«

Jürgen: »Oh ja und der schläft schon richtig lange durch?«

Klaus: »Der schläft gut, manchmal zu lange und dann denke ich: Wach mal auf. Aber ich wecke ihn nicht. Dann würde ich ihm ohne Weiteres eine halbe Stunde von diesen 5 schenken. Ich hätte noch 4,5 Stunden, das wäre genug. Also ich denke, er könnte noch eine halbe Stunde länger schlafen, wie heute, und dann bin ich …«

Jürgen: »Wenn dein Sohn eine halbe Stunde, die du ihm gibst, länger schläft, was machst du in dieser halben Stunde? Stehst du am Bett und bewunderst ihn oder was machst du?«

Klaus: »Genau, das ist eine gute Frage. Ja, das ist eigentlich die erste geschenkte Stunde für mich und für ihn, weil ich den Morgen ruhig anfange, und nicht so: Jetzt geht's los!«

Jürgen: »Ah ja.«

Klaus: »Und das habe ich heute erlebt!«

Jürgen: »Ehrlich?!«

Klaus: »Ja, ich sollte zwar … also heute war wie morgen, weil …«

Jürgen: »… dann kann ich dir diese Stunde ja wieder wegnehmen …«

Klaus: »… er hat eine Stunde länger geschlafen, als er das normalerweise tut, und ich habe ihn gelassen und Zeitung gelesen.«

Jürgen: »Ah.«

Klaus: »Und das war super. Das war toll, aber ich war unruhig dabei, weil ich wusste, ich sollte eigentlich … also um 7, Viertel vor 7, stehen wir auf und dann fahren wir Viertel nach 8 in die Krippe. Und heute schlief er bis 10 vor 8 und ich habe … ich hatte es ruhig, ich sass im Garten, trank einen Kaffee, las Zeitung … ich hätte natürlich viel tun können …«

Jürgen: »… aber du hast ja viel getan, du hast Zeitung gelesen, Kaffee getrunken, im Garten gesessen …«

Unsere Wertschätzung:

a) Beeindruckend, wie Jürgen hier mit der spontanen Idee der »5 Stunden«, die er noch zufällig in der Hosentasche hat, ein auf die Situation passendes Futur Perfekt einläutet. So viel Humor und spielerische Ideen, die dem Kunden ermöglichen neue Perspektiven zu eröffnen.
b) Mit einer wunderbaren Leichtigkeit lädt Jürgen den Kunden ein, seinen Handlungsspielraum und seine Wahlmöglichkeiten zu erweitern. Seine Angebote so zu formulieren, dass der Kunde dazu leicht Nein sagen kann, und der Coach lässt gerne los, wenn sie nicht passen.
c) Jürgen vertraut vollkommen auf den Kunden als Experten, nicht nur für die Lösung, sondern auch für den Abschluss des Gesprächs. Der Kunde entscheidet, wann »es gut genug ist«, und Jürgen kann das wertschätzend bejahen (siehe unten).

Ausschnitt vom Schluss des Gesprächs

Jürgen: »Wahrscheinlich schläft dein Sohn auch deshalb so lange …, der überlegt noch, was er heute wieder anstellt.«

Klaus: »Gut, ja.«

Jürgen: »Gut. Wir haben ja hier nur eine begrenzte Zeit zur Verfügung, wir sind ja irgendwie mittendrin.«

Klaus: »Ja.«

Jürgen: »Meine Frage ist jetzt: Was hättest du noch gerne besprochen, was brauchst du noch oder können wir es an dieser Stelle stehen lassen?«

Klaus: »… uff!«

Jürgen: »Wieder so 'ne schwere Frage.«

Klaus: »Ja, die ist schwierig, die Frage. Wir können es stehen lassen, also ich bin eher da als auf der anderen Seite.«

Jürgen: »Ich hätte noch eine Idee, wie du es vielleicht herausfinden könntest.«

Klaus: »Bitte, ja.«

Jürgen: »Es ging ja auch um Schritte und das Ruhigerwerden. Ich würde dich einfach bitten, aufzustehen, einmal auf und ab zu gehen, dich wieder hinzusetzen und dann frage ich dich nochmals.«

Klaus: »Gut.«

Jürgen: »Okay, Klaus. Ist das jetzt ein Punkt, an dem wir das stehen lassen können, oder fehlt noch was und du brauchst noch was?«

Klaus: »Mhhm, was mach ich da …«

Jürgen: »Immer noch schwer, mhm.«

Klaus: »Ja, wir können es stehen lassen.«

Jürgen: »Okay, dann lassen wir das. Dann sage ich vielen Dank.«

Klaus: »Das ist gute Arbeit.«

Jürgen: »Und, Klaus, pass bitte auf die 4 Stunden auf, die du noch von mir hast.«

Klaus: »Ja. Danke.«

Jürgen: »Ich danke auch, vielen Dank.«

Mit diesem Beispiel von einem Abschluss eines Coaching-Gesprächs lassen wir es hier auch stehen.
Viel Spass beim Coachen und Weiterlernen!

EXPERIMENT

Multi-Skalierung

Zur regelmässigen Reflexion des eigenen Lernens und zur Standortbestimmung bezüglich der eigenen Kompetenzen hat unser Kollege Evan George von BRIEF Consultancy in London dieses einfache Werkzeug entwickelt:

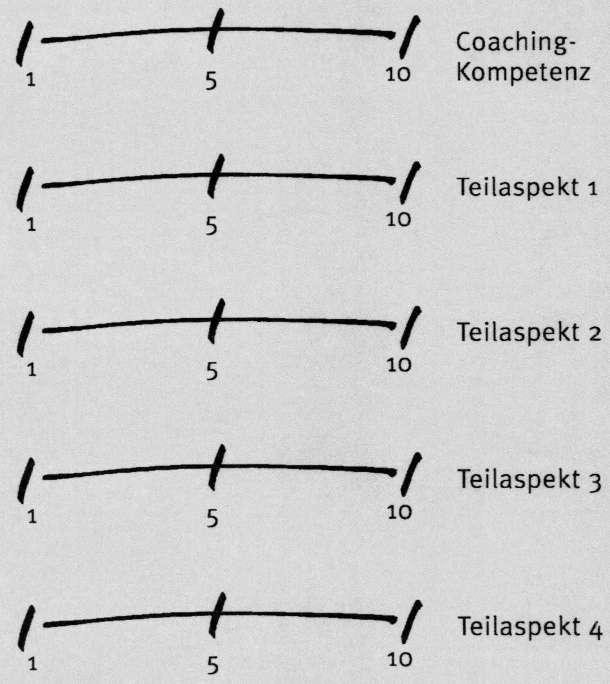

Multi-Skalierung

I. **Phase: Standortbestimmung**
   - Wo stehen Sie auf der Hauptskala »Coaching-Kompetenz« zwischen 1 und 10?
   - Welche vier Teilaspekte Ihrer Coaching-Kompetenz sind für Sie besonders relevant? Benennen Sie vier entsprechende Unterskalen und zeichnen Sie je Ihren gegenwärtigen Standort ein!

2. **Phase: Erreichte Fortschritte wertschätzen**
   - Auf der Hauptskala: Welche drei Dinge haben Sie jetzt bereits erreicht im Unterschied zu 1? Was tun Sie jetzt konkret, was Sie bei 1 noch nicht gemacht haben? Was noch?
   - Nehmen Sie sich jede einzelne der Unterskalen vor: Welche Dinge haben Sie erreicht? Was tun Sie ander(e)s? Was noch?

3. **Phase: Nächste Schritte konkretisieren**
   - Gehen Sie alle 5 Skalen nochmals durch und überlegen Sie sich je 1 bis 2 Dinge, an denen Sie merken werden, dass Sie sich auf der jeweiligen Skala aufwärts bewegen. Woran werden es Ihre Kunden merken?

Die Autoren – ein kleines, buntes FAQ

Daniel Meier und Peter Szabó antworten auf meistgestellte Fragen (Frequently Asked Questions) von Kunden, Coachees, Coaching-Kollegen, Freunden, Bekannten und Verwandten.

Warum heisst das Weiterbildungsforum »Weiterbildungsforum«? Was hat das mit Coaching zu tun?

P. S.:

Peter Szabó und Daniel Meier

Ich habe bei der Gründung 1997 bewusst einen Namen gesucht, der es erlaubte, unterschiedliche Angebote unter demselben Dach anzubieten. Dass sich ausgerechnet die Coaching-Ausbildung als Renner entwickelt hat, war ein glücklicher Zufall. Ein Kollege hatte mich darauf aufmerksam gemacht, dass es in Basel noch kein entsprechendes Angebot gibt. Und ich dachte mir: warum nicht eine Coaching-Ausbildung anbieten? Und mit dieser ersten Idee hat es dann gleich geklappt und ich bin gerne dabei geblieben.

D. M.:

Schön ist, dass sich das Weiterbildungsforum Basel gerade für Coaching im Markt so gut etabliert hat in den letzten Jahren. HR-Verantwortliche und auch selbstständige BeraterInnen kennen es als Ort, an dem konsequent lösungsorientiert und praxisnah ausgebildet wird. Auch wenn das »Basel« im Anhang jetzt oft etwas verwirrend wirkt, da unser Backoffice ja in Luzern ist, Peter zu Hause in Basel sein Büro hat und ich meines in Bremgarten. Und unsere Seminare finden in verschiedenen Seminarhotels in der ganzen Schweiz statt. Und um es noch verwirrender zu machen, ist das Weiterbildungsforum seit 2006 ein Teil der Solutionsurfers GmbH, der gemeinsamen Firma von Peter und mir. Vielleicht braucht's da mal eine Bereinigung?

P. S.:

In den ersten Jahren gab es für die Coaching-Ausbildungen sogar noch einen zusätzlichen Markennamen, »Unterwegs-Seminare«, im Sinne von auf dem Weg sein und Neues entdecken. Unsere neue Metapher – solutionsurfing – auf der vorwärtsgerichteten Kraft von Lösungswellen surfen, gefällt mir jetzt noch besser.

Habt Ihr Vorbilder?

P. S.:

Da gibt es natürlich einige besondere Menschen, für die ich grosse Wertschätzung spüre: Die Coaching-Pioniere Timothy Gallway und Sir John Whitmore zum Beispiel, und natürlich Steve De Shazer und Insoo Kim Berg, denen ich den lösungsfokussierten Paradigmenwechsel verdanke. Ich bin froh, dass ich sie persönlich kennenlernen konnte. Das waren jeweils faszinierende Aha-Erlebnisse im Sinne von »So etwas gibt es also« bzw. »Wenn es so geht, dann ist mir wirklich wohl damit«.

D. M.:

Neben diesen Pionieren sind für mich auch unsere Teilnehmenden in den Seminaren immer wieder Vorbilder. Vor allem wenn ich sehe, mit wie viel Neugierde und Flexibilität sowie einer Mischung von Leichtigkeit und Ernsthaftigkeit sie lernen und coachen. Das versuche auch ich mir zu erhalten.

Gibt es ideale berufliche Voraussetzungen, um Coach zu werden? Psychologie, Pädagogik, Verkauf?

D. M.:

Ich habe mal mit einem guten Kollegen zusammen den Seminarraum eingerichtet und das Klebeband gesucht (Augenzwinkern zu P. S.). Er hat in seiner Tasche gekramt und meinte ausgelassen: »Das Wichtigste im Leben ist die Liebe – und das Zweite, das Klebeband …« Und so denke ich auch. Wichtig scheint mir, dass er oder sie Wertschätzung, Achtung oder Liebe für Menschen (sich und andere) empfindet und lebt. Wahrscheinlich gibt es die ideale berufliche Voraussetzung für einen Coach nicht.Ich persönlich komme über Pädagogik, Erwachsenenbildung, Musik und mit einigen Jahren Führungserfahrung zum Coaching.

P. S.:

Das mit der Führungserfahrung ist eine Gemeinsamkeit, die uns beiden jetzt, beim Coaching im Unternehmensumfeld, sicher hilft. Ich habe ursprünglich Recht studiert und war dann viele Jahre im Human Resources Management tätig, bevor ich mich als Coach und Erwachsenenbildner selbstständig gemacht habe.

Kann man mit Coaching Karriere machen?

D. M.:

Die Frage dabei ist, was verstehe ich unter Karriere. Klar, es gibt wohl in jedem Land oder in jeder Coaching-Szene sogenannte »Spitzencoaches« oder Coaches mit sehr gutem Ansehen, die man kennt – und dann gibt es sehr viele, die ausgezeichnete Arbeit machen, aber schon fast unter der Hand gehandelt werden. Ob die Zertifizierung oder der Abschluss dabei eine Rolle spielt – was meinst du?

P. S.:

Man muss einfach ganz realistisch sehen, dass weltweit nur wenige Kollegen allein von Coaching leben. Von unseren bisher 1000 Teilnehmenden sind es in der Schweiz rund 10. Die meisten Coaches haben noch andere wirtschaftliche Standbeine, und alle Untersuchungen belegen seit Jahren konstant, dass bei den meisten 30% des Umsatzes aus dem Coaching kommen. So richtig bekannte Coaches haben oft Bestseller geschrieben oder sich engagiert und um die Weiterentwicklung und Professionalisierung des Berufstandes verdient gemacht. Und diejenigen, die im Unternehmensumfeld Erfolg haben, sind oft durch einen Berufsverband zertifiziert.

Wie sieht Kurzzeitcoaching daheim am Küchentisch aus? Gibt es ganz alltägliche Beispiele für lösungsorientierte, erfolgreiche Gespräche – mit pubertierenden Kindern, mit Schwiegermüttern?

D. M.:

Spannende Frage – ich denke, ich bin sehr vorsichtig mit dem Coachen zu Hause, auch wenn es manchmal nicht zu verhindern ist, dass mir eine Coaching-Frage rausrutscht. Das tönt dann etwa so:

Sohn (12 Jahre): Oh – mir stinkst so, die Hausaufgaben zu machen. Immer rechnen.

Vater-Coach: Was möchtest du denn jetzt anderes machen als Hausaufgaben?

Sohn (15 Jahre): Ah, du mit deinen Coaching-Fragen. Coach jemanden, der dich bezahlt dafür!

Vater-Coach: Oh sorry, ich wollte keine Coaching-Frage stellen.

Sohn (12 Jahre): Ich will nichts anderes – aber ich möchte, dass du siehst, dass Hausaufgabenmachen so anstrengend ist. Du kannst einfach dasitzen und lesen.

Sohn (15 Jahre), schmunzelnd: Auf einer Skala von 1 bis 10 – wie anstrengend ist es denn gerade?

Vater-Coach: Jetzt bist du aber am Coachen!

Sohn (15 Jahre): Wollte nur zeigen, dass ich das auch kann!

Sohn (12 Jahre): Also heute ist es sicher eine 8.

Vater-Coach: Uff, das ist aber hoch und doch – was macht es aus, dass es nur eine 8 ist und keine 10? Das wäre ja noch schlimmer.

Sohn (12 Jahre): Okay, wir haben die Aufgaben schon vorbesprochen. Ich weiss, wie sie gehen, muss sie nur noch machen – und je länger wir hier reden, umso länger geht's. Also bitte jetzt RUHE!

P. S.:

Bei uns zu Hause gab es auch so ein rührend schönes Beispiel, das habe ich unter dem Titel »Papa, kannst Du mich coachen?« ausführlich beschrieben. (Download: www.weiterbildungsforum.ch -> mehr zu Coaching -> Fachartikel). Ich teile aber Danis Zurückhaltung. Im Zweifelsfall bin ich zu Hause lieber Ehemann und Vater oder Freund, und kein Coach.

Ist die Wirkung von Kurzzeitcoaching abhängig vom Kulturkreis oder funktioniert das Modell auch in China?

P. S.:

Das Buch von Insoo und mir ist ja inzwischen tatsächlich auch auf Chinesisch übersetzt worden. Und wenn ich neuerdings mit Workshops zum Thema viel in der Welt herumreise, ist mir bisher keine Kulturabhängigkeit aufgefallen. Die respektvolle, wertschätzende, bejahende Haltung scheint eher universell zu funktionieren.

Vielleicht hilft es auch, dass das Modell ausserordentlich kundenzentriert ist. Ich merke jedenfalls, dass ich ausserhalb der Schweiz besonders aufmerksam darauf achte und auch nachfrage, was für meine Kunden/Zuhörer passt. Generell denke ich, dass die interkulturelle Anpassungsleistung die gleiche Sorgfalt erfordert wie die Anpassung zwischen zwei unterschiedlichen Menschen gleicher Kultur.

Apropos reisen: An welchem Wochenende seid Ihr dieses Jahr daheim?

D. M.:

Da sind wir, glaub ich, beide am Lernen. Ich arbeite schon längere Zeit nicht mehr an Wochenenden – meistens jedenfalls. Und ansonsten mache ich Montag/Dienstag frei. Aber das kommt wirklich eher selten vor. Was allerdings kaum zu verhindern ist, sind die Übernachtungen unter der Woche in Seminarhotels – und das sind doch einige Nächte weg von zu Hause. Auf der anderen Seite gönnen wir uns beide auch jedes Jahr genügend Ferienzeit, die wir dann mit der Familie verbringen.

P. S.:

Ich bin, ehrlich gestanden, sicher ein Wochenende pro Monat irgendwo am Reisen. Dafür sind die Wochenenden, an denen ich daheim bin, seit Monaten wirklich frei. Das war bei mir in den ersten zehn Jahren mit dem Aufbau des Weiterbildungsforums gar nicht so. Und ich hätte auch nie geglaubt, dass ich es noch schaffe, so eine vertrauensvolle Ruhe zu entwickeln. Fast wie ein Wunder.

Glaubt ihr echt an Wunder?

D. M.:

Ja klar.

P. S.:

Und zwar an Wunder mit und ohne Coaching.

Und woran noch?

D. M.:

… dass sich die lösungsorientierte Arbeitsweise langsam, aber stetig weiterverbreitet und zur Leichtigkeit in der Arbeitswelt beitragen kann.

… dass Worte Wirklichkeit erzeugen.

P. S.:

… dass Wünsche Vorboten von Fähigkeiten sind.

D. M.:

… an viele Studien, die wir selbst erfunden haben.

Literaturhinweise und Internet-Links

a) Lösungsorientiertes Coaching

Peter Szabó Insoo Kim Berg	Kurz(zeit)coaching mit Langzeitwirkung	Borgmann Media Dortmund 2006
Daniel Meier	Wege zur erfolgreichen Teamentwicklung	Solutionsurfers Bremgarten 2005
Peter De Jong Insoo Kim Berg	Lösungen (er-)finden	Borgmann Media Dortmund 2000
Jürgen Hargens (Hrsg.)	Werkstattbuch systemisches Coaching	Borgmann Media Dortmund 2006
Sonja Radatz	Beratung ohne Ratschlag (Systemisches Coaching)	ISCT Wien 2000
Birgit Billen Lilo Schmitz	Lösungsorientierte Mitarbeitergespräche	Redline Wirtschaft Heidelberg 2005
Ben Furmann	Twin Star – Zufriedenheit am Arbeitsplatz als Zwilling des Erfolgs	Carl-Auer-Systeme Verlag Heidelberg 2004
Louis Cauffman Kirsten Dierolf	Lösungstango sieben verführerische Schritte zum erfolgreichen Management	Carl-Auer-Systeme Verlag Heidelberg 2007

b) Bücher über Coaching

John Whitmore	Coaching für die Praxis	allesimfluss-Verlag (Neuauflage) 2006
Christopher Rauen (Hrsg.)	Coaching Tools I und II	ManagerSeminare Bonn 2004 und 2007
Peter Müri, Barbara Steiner	Coaching auf den Punkt gebracht	Ott Verlag Bern 2006

Eric D. Lippmann	Coaching Angewandte Psychologie für die Beratungspraxis	Springer-Verlag Berlin 2004

c) Seiten im Internet

www.coaching-point.ch
Coaching-Portal für die Schweiz mit vielen aktuellen Infos

www.coaching-report.de
Übersichtliches und umfassendes Portal für den deutschsprachigen Raum, mit Definitionen und Anwendungsfeldern, News-Board, Chat, Newsletter, Literatur, Links etc.

www.coachfederation.org
Website der ICF (International Coach Federation) mit Links zu Coaches in der ganzen Welt, Hinweise auf die ICF-Zertifizierung und internationale Konferenzen

www.coachfederation.ch
Schweizerische Vereinigung der ICF-Coaches mit Hinweisen auf monatliche Treffen in Zürich, Basel, Bern und Genf

Lösungsorientiertes Arbeiten:
www.solutioncircle.com
Lösungsorientierte Teamarbeit: Instrumente und Dienstleistungen

www.solutionsurfers.com
Internationale Ausbildungen in Kurzzeitcoaching in Englisch

www.sfwork.com
Neue lösungsorientierte Bücher in Englisch

www.soloworld.org
Internat. Netzwerk lösungsorientierter Praktiker